Target 5
Get back on track

AQA GCSE (9–1) French Writing

Geneviève Talon
and Danièle Bourdais

Pearson

Published by Pearson Education Limited, 80 Strand, London, WC2R ORL.

www.pearsonschoolsandfecolleges.co.uk

Text © Pearson Education Limited 2017
Produced by Out of House Publishing
Typeset by Tech-Set Ltd, Gateshead

The rights of Geneviève Talon and Danièle Bourdais to be identified as authors of this work have been asserted by them in accordance with the Copyright, Designs and Patents Act 1988.

First published 2017

20 19 18 17
10 9 8 7 6 5 4 3 2

British Library Cataloguing in Publication Data
A catalogue record for this book is available from the British Library

ISBN 978 0435 18912 9

Copyright notice
All rights reserved. No part of this publication may be reproduced in any form or by any means (including photocopying or storing it in any medium by electronic means and whether or not transiently or incidentally to some other use of this publication) without the written permission of the copyright owner, except in accordance with the provisions of the Copyright, Designs and Patents Act 1988 or under the terms of a licence issued by the Copyright Licensing Agency, Barnards Inn, 86 Fetter Lane, London EC4A 1EN (www.cla.co.uk). Applications for the copyright owner's written permission should be addressed to the publisher.

Printed in Italy by L.E.G.O. S.p.A. Lavis (TN)

Acknowledgements
The publisher would like to thank the following individuals and organisations for permission to reproduce photographs:

(Key: b-bottom; c-centre; l-left; r-right; t-top)

Alamy Stock Photo: Blend Images 1; **Pearson Education Ltd:** Studio 8 4, Jon Barlow 8, Tudor Photography 3; **Shutterstock.com:** Fotoluminate LLC 6, Syda Productions 5, White_Whale 7

All other images © Pearson Education

A note from the Publisher
Pearson has robust editorial processes, including answer and fact checks, to ensure the accuracy of the content in this publication, and every effort is made to ensure this publication is free of errors. We are, however, only human, and occasionally errors do occur. Pearson is not liable for any misunderstandings that arise as a result of errors in this publication, but it is our priority to ensure that the content is accurate. If you spot an error, please do contact us at resourcescorrections@pearson.com so we can make sure it is corrected.

This workbook has been developed using the Pearson Progression Map and Scale for French.

To find out more about the Progression Scale for French and to see how it relates to indicative GCSE 9–1 grades go to www.pearsonschools.co.uk/ProgressionServices

Helping you to formulate grade predictions, apply interventions and track progress.

Any reference to indicative grades in the Pearson Target Workbooks and Pearson Progression Services is not to be used as an accurate indicator of how a student will be awarded a grade for their GCSE exams.

You have told us that mapping the Steps from the Pearson Progression Maps to indicative grades will make it simpler for you to accumulate the evidence to formulate your own grade predictions, apply any interventions and track student progress. We're really excited about this work and its potential for helping teachers and students. It is, however, important to understand that this mapping is for guidance only to support teachers' own predictions of progress and is not an accurate predictor of grades.

Our Pearson Progression Scale is criterion referenced. If a student can perform a task or demonstrate a skill, we say they are working at a certain Step according to the criteria. Teachers can mark assessments and issue results with reference to these criteria which do not depend on the wider cohort in any given year. For GCSE exams however, all Awarding Organisations set the grade boundaries with reference to the strength of the cohort in any given year. For more information about how this works please visit: https://www.gov.uk/government/news/setting-standards-for-new-gcses-in-2017

Contents

1 Adding interest and clarity to your writing
- Get started — 1
- 1 How do I add interest to my descriptions? — 3
- 2 How do I make my descriptions more compelling? — 4
- 3 How do I write descriptions more accurately? — 5
- Sample response — 6
- Your turn! — 7
- Review your skills — 8

2 Improving your accuracy
- Get started — 9
- 1 How do I write correct verb forms? — 11
- 2 How do I check agreements and key words? — 12
- 3 How do I improve my spelling? — 13
- Sample response — 14
- Your turn! — 15
- Review your skills — 16

3 Making your meaning clear
- Get started — 17
- 1 How do I write clear sentences in French? — 19
- 2 How do I write natural-sounding French? — 20
- 3 How do I use the right style? — 21
- Sample response — 22
- Your turn! — 23
- Review your skills — 24

4 Writing effectively about the future
- Get started — 25
- 1 How do I use opportunities to write about the future? — 27
- 2 How do I vary references to the future for added interest? — 28
- 3 How do I make sure I use the near future tense correctly? — 29
- Sample response — 30
- Your turn! — 31
- Review your skills — 32

5 Writing effectively about the past
- Get started — 33
- 1 How do I use opportunities to write about the past? — 35
- 2 How do I vary references to the past for added interest? — 36
- 3 How do I make sure I use the perfect tense correctly? — 37
- Sample response — 38
- Your turn! — 39
- Review your skills — 40

6 Choosing and linking your ideas
- Get started — 41
- 1 How do I decide what I need to say? — 43
- 2 How do I organise my answer? — 44
- 3 How do I link my ideas logically? — 45
- Sample response — 46
- Your turn! — 47
- Review your skills — 48

7 Expressing opinions
- Get started — 49
- 1 How do I make my opinions relevant to the topic? — 51
- 2 How do I vary the ways I express opinions? — 52
- 3 How do I add detail to my opinions? — 53
- Sample response — 54
- Your turn! — 55
- Review your skills — 56

8 Avoiding the pitfalls of translation
- Get started — 57
- 1 How do I avoid translating word for word? — 59
- 2 How do I avoid making errors with cognates and 'false friends'? — 60
- 3 How do I make sure my translation is accurate? — 61
- Sample response — 62
- Your turn! — 63
- Review your skills — 64

9 Using impressive language
- Get started — 65
- 1 How do I make sure I use interesting vocabulary? — 67
- 2 How do I use grammar to best effect? — 68
- 3 How do I create opportunities to use more complex language? — 69
- Sample response — 70
- Your turn! — 71
- Review your skills — 72

Answers — 73

Get started

1 Adding interest and clarity to your writing

This unit will help you learn how to add interest to your writing. The skills you will build are to:

- add interest to your descriptions
- make your descriptions more compelling
- write more accurately.

In the exam, you will be asked to tackle writing tasks such as the ones below. This unit will prepare you to plan and write your own response to these questions. For these two questions, you have to write clearly and be as interesting as you can.

Exam-style question

Vous postez cette photo sur des réseaux sociaux.

Qu'est-ce qu'il y a sur la photo? Écrivez **quatre** phrases en **français**. (8 marks)

Exam-style question

Vous envoyez un message à votre ami(e) français(e) sur un réseau social. Vous parlez de votre meilleur(e) ami(e).

Mentionnez:
- l'apparence physique de votre ami(e)
- les qualités de votre ami(e)
- vos activités le soir avec votre ami(e)
- vos activités le week-end avec votre ami(e)

Écrivez environ **40** mots en **français**. (16 marks)

The three key questions in the **skills boosts** will help you to improve your writing.

| 1 How do I add interest to my descriptions? | 2 How do I make my descriptions more compelling? | 3 How do I write descriptions more accurately? |

Look at the sample student answers on the next page.

Unit 1 Adding interest and clarity to your writing 1

Get started

1 Read this description of the photo on page 1.

> À droite, il y a deux enfants assis dans une voiture.
> Au milieu, la mère porte un tee-shirt orange.
> À gauche, le père a un ballon.
> Il fait beau et ils font peut-être un pique-nique.

The description gives various kinds of information. Note ✏️ the words and phrases in it for each of these headings:

Where?   à droite, ...

Who?   ....

Objects?   une voiture, ...

Weather?   ....

Actions?   deux enfants assis, ...

2 Read this answer to the second question on page 1. Label ✏️ the sentences either B1, B2, B3 or B4 according to which bullet point in the question they relate to.

Exam style question

- l'apparence physique de votre ami(e)   B1
- les qualités de votre ami(e)   B2
- vos activités le soir avec votre ami(e)   B3
- vos activités le week-end avec votre ami(e)   B4

> Mon meilleur ami, Yakub, est brun et plus grand que moi [B1]. Il est plutôt calme mais très marrant [ ]. Le soir, on se promène au parc [ ]. Quelquefois, je vais chez lui et on travaille ensemble [ ]. Le week-end, nous bavardons souvent en ligne ou nous allons au cinéma [ ].

3 Read the sentences below and decide whether they relate to any of the bullet points in the exam-style question. Write ✏️ either B1, B2, B3 or B4 in the box, or NR if they are not relevant.

- **a** Ma copine Olivia est gentille mais très timide.
- **b** Le soir, en général, j'aide ma mère à la maison.
- **c** J'aime beaucoup Raphaël parce qu'il est têtu mais indépendant.
- **d** Mon amie Solène a 15 ans, mais elle est petite pour son âge.
- **e** Le week-end, je fais des courses avec ma mère.
- **f** Après les cours, on traîne souvent en ville.
- **g** Ma petite sœur est blonde et très jolie.
- **h** Le samedi, je joue au foot avec mon copain Mathis.

2 Unit 1 Adding interest and clarity to your writing

Skills boost

1 How do I add interest to my descriptions?

When you write a description you can add interest by using precise and varied vocabulary.

1 Use the words in the box to fill the gaps in the sentences describing this photo.

> à côté   à droite   à gauche   assis   debout   dans   sur

> Sur la photo, on voit quatre jeunes .... un parc.
>
> ...., il y a un groupe de trois jeunes.
>
> Ils sont ...., ...,
>
> un garçon est .... un banc.

à côté (de)	next to
à droite (de)	on the right (of)
à gauche (de)	on the left (of)
en face (de)	opposite
devant	in front (of)
derrière	behind
entre	between
sous	under
en haut	at the top
en bas	at the bottom

2 To add interest, vary the information you give. The table gives some types of information you could put in a description of **any** photo. Use your imagination and jot down other examples in the right-hand column.

Types of information	Information	How to add interest	Examples
Where?	Il est à la maison.	Where exactly?	Il est dans la cuisine.
When?	C'est l'été.	What about other times of the year? Days? Times?	C'est le week-end. C'est le matin.
Weather?	Il fait beau.	Other weather expressions?	Il y a du soleil.
Who?	Il y a une femme.	Physical features?	grand(e)
What?	Elle porte un pull bleu.	Other items of clothing?	un gros manteau
	Il y a un chien.	Animals? Objects? Accessories?	Il y a des arbres.
Actions?	Il joue au foot. Elle fait du vélo.	Other actions?	Il court.
Feelings?	Elle a l'air contente. Il a l'air triste.	Other feelings?	Elle sourit.

3 Look again at the photo and sentences in **1**. On paper rewrite the sentences adding more information and ideas, using the table in **2** to help you.

Unit 1 Adding interest and clarity to your writing   3

Skills boost

2 How do I make my descriptions more compelling?

You can also add interest to your descriptions by:
- avoiding repetition
- listing information in threes ('tripling'), using the connectives **et** or **ou**
- using adverbs, comparatives and superlatives.

1 Here is a description of this photo.

1 Sur la photo, on voit deux filles.
2 On voit trois garçons.
3 On voit un skate park.
4 On voit des arbres.

Use the words and phrases ✏️ in the box below to make the description more interesting.

| c'est l'été | porte | derrière, il y a | mais | ils se promènent | et |

1 Sur la photo, on voit deux filles .... trois garçons.
2 ...., il fait beau et .... dans un skate park.
3 La fille blonde a un tee-shirt rose .... la fille brune
   .... un blouson.
4 .... des arbres.

2 Try 'tripling' (listing ✏️ three details), using a connective to describe their clothes.

C'est le printemps, l'été ou l'automne. Le garçon à gauche porte ....
....
Le garçon à droite porte ....

3 Compare the grammar in the descriptions below.
In B, find and circle Ⓐ:
- two adverbs
- an adjective in the comparative ('more …')
- an adjective in the superlative ('the most …').

> **Remember:**
> - French adverbs end in **-ment** or are words like **bien, très, assez**
> - comparative adjectives begin with **plus** or **moins**
> - superlative adjectives begin with **le/la/les plus …** or **le/la/les moins**

A
1 C'est l'été.
2 On voit trois garçons et deux filles et ils ont l'air sportifs.
3 Un garçon porte un tee-shirt vert.
4 La fille à droite est petite.

B
1 C'est probablement l'été.
2 On voit trois garçons et deux filles et ils ont l'air assez sportifs.
3 Le plus grand porte un tee-shirt vert.
4 La fille à droite est plus petite que les autres.

4 Now write ✏️ on a piece of paper a short description of the photo of boys in a park on page 3. Make it compelling by using some of the techniques you have learned on this page.

4   Unit 1 Adding interest and clarity to your writing

Skills boost

3 How do I write descriptions more accurately?

Writing accurately means:
- being consistent in what you say
- checking your text to avoid mistakes, especially on agreements (adjectives and verbs).

1 Read this description of a friend. Circle (A) the details that are inconsistent, or that contradict each other.

> Mon meilleur ami, Alex, est grand et petit. Il est très travailleur mais il n'est vraiment pas sportif. Je vais souvent chez Alex pour faire les devoirs mais il préfère jouer à la Playstation. Le samedi, on joue au foot ou au rugby ensemble.

2 The (female) student who wrote this description did not check her adjectives.

  a Circle (A) seven mistakes of gender agreement (masculine/feminine).

  b Underline (A) six mistakes of number agreement (singular/plural).

> Ma meilleur amie est grand et très joli. Elle a des cheveux blond, long et frisé. Ses yeux vert sont très beau. Elle porte de petit lunettes. Lucie est très gentil, généreux et compréhensif.

Adjective endings

masculine	feminine
-t(s)	-te(s)
-d(s)	-de(s)
-u(s) or -i(s) or -é(s)	-ue(s) or -ie(s) or -ée(s)
-eux	-euse(s)
-if(s)	-ive(s)

  c Rewrite the text correctly. Use the notes on adjectives to help you.

....
....
....
....
....

3 Add the missing verbs to this description, using the correct endings.

Mon meilleur copain (s'appeler) ....
Alex. On (s'entendre) .... bien.
Après le collège, il (prendre) ....
le bus avec moi. Le samedi, nous (jouer)
.... au foot et le dimanche, nous
nous (retrouver) .... en ville et on
(faire) .... les magasins.

Present tense verb endings

present tense	most verbs	except ...	
		-er verbs	-ndre verbs
je	-s (2 with -x)	-e	-ds
tu	-s (2 with -x)	-es	-ds
il/elle/on	-t	-e	-d
nous	-ons		
vous	-ez		
ils/elles	-ent (4 with -ont)		

4 Now it's your turn. Describe your best friend on a separate piece of paper (40 words). Remember, be consistent and check your adjectives and verb endings.

Unit 1 Adding interest and clarity to your writing   **5**

Get back on track

Sample response

This is a short writing task of the type you will have to do in the exam. Read the two answers below.

Exam-style question

Vous envoyez un message sur votre grand-père ou grand-mère préféré(e) à votre ami(e) français(e) sur un réseau social. Mentionnez:
- sa description physique
- sa qualité principale
- vos relations avec ce grand-parent
- vos activités ensemble.

Écrivez environ **40** mots en **français**.

(16 marks)

A Mon grand-père Paul est vieux. Il est petit. Il a des cheveux blancs. Il a une barbe blanche. Mon grand-père est très sympa. On s'entend bien. On discute beaucoup ensemble. Pendant les vacances, il vient à la maison pendant deux semaines. On regarde des films à la télé.

B Anya, la mère de mon père, est grande et sportive, avec des cheveux blancs frisés. Elle est vieille mais dynamique et tellement moderne! J'adore ma grand-mère et on s'entend vraiment bien car c'est la plus cool des grands-mères! On va souvent à la piscine.

1 Complete the table to help you compare the answers.

Which answer ...	A ✓	B ✓	How is this done? (note the French words used)
uses precise and varied vocabulary?		✓	cheveux blancs et frisés vieille mais vraiment dynamique
avoids repetition?			
uses connectives?			
uses adverbs?			
uses comparatives or superlatives?			
avoids inconsistency?			
is written accurately (verbs, adjectives)?			

2 Use the student notes below to write a description of a grandmother. Use the table in **1** to guide you.

Grandma Damia / old but really dynamic / the kindest grandma / very generous / not very talkative / we cook and laugh together

....
....
....
....
....

Unit 1 Adding interest and clarity to your writing

Your turn!

Get back on track

You are now going to plan and write your response to these exam-style tasks.

Exam-style question

Vous envoyez une photo à votre ami(e) français(e).

Qu'est-ce qu'il y a sur la photo?

Écrivez **quatre** phrases en **français**.

(8 marks)

1 a Write some useful vocabulary in French about the photo. Remember to be relevant and consistent.

Who? .... Where? ....

When? .... Weather? ....

What? .... Action? ....

Feeling? ....

b Now select some of those words and write four sentences about the photo.

1 ....
2 ....
3 ....
4 ....

Exam-style question

Vous êtes en ville avec un(e) ami(e) et vous écrivez un SMS à votre ami(e) français(e). Mentionnez:
- où vous êtes
- la météo
- vos activités de la journée
- votre sortie préférée en ville.

Écrivez environ **40** mots en **français**. (16 marks)

2 a Jot down ideas for the four bullet points.

Checklist	✓
In my answer do I …	
use precise and varied vocabulary?	
avoid repetition?	
use connectives?	
use adverbs?	
use comparatives / superlatives?	
avoid inconsistency?	
write accurately (verbs, adjectives)?	

b Now, on paper, use some of your ideas in a paragraph to answer the question (about 40 words).

Unit 1 Adding interest and clarity to your writing 7

Get back on track

Review your skills

Check up

Review your response to the exam-style question on page 7. Tick ✓ the column to show how well you think you have done each of the following.

	Not quite ✓	Nearly there ✓	Got it! ✓
added interest to my descriptions	☐	☐	☐
made my descriptions more compelling	☐	☐	☐
written descriptions more accurately	☐	☐	☐

Need more practice?

On paper, plan and write ✎ your response to the exam-style tasks below.

Exam-style question

Vous postez cette photo sur Instagram.
Qu'est-ce qu'il y a sur la photo?
Écrivez **quatre** phrases en **français**.

(8 marks)

Exam-style question

Vous passez un dimanche avec votre famille. Envoyez un message à votre ami(e) français(e). Mentionnez:
- où vous êtes
- la météo
- qui est avec vous
- votre activité préférée le week-end.

Écrivez environ **40** mots en **français**.

(16 marks)

To write a good answer you need to include:
- a relevant description, with extra detail if possible, for interest
- sentences that are linked together
- as little repetition as possible
- accurate use of the present tense and adjectives.

How confident do you feel about each of these **skills**? Colour ✎ in the bars.

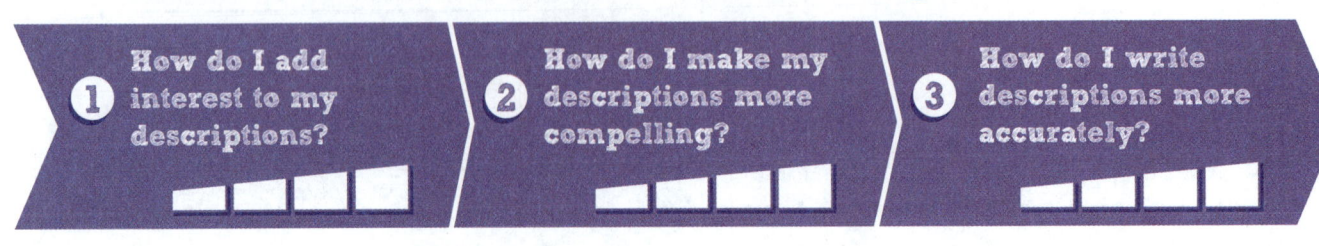

1. How do I add interest to my descriptions?
2. How do I make my descriptions more compelling?
3. How do I write descriptions more accurately?

8 Unit 1 Adding interest and clarity to your writing

Get started

② Improving your accuracy

This unit will help you to improve your accuracy. The skills you will build are to:
- write correct verb forms
- check agreements and make sure key words are correctly used
- improve your spelling.

In the exam, you will be asked to tackle writing tasks such as the ones below. This unit will prepare you to plan and write your own response to these questions, using language that is as accurate as possible.

Exam-style question

Vous parlez de sport avec votre ami(e) français(e).

Mentionnez:
- votre sport préféré
- depuis quand vous en faites
- où vous en faites
- pourquoi vous aimez ce sport.

Écrivez environ **40** mots en **français**. (16 marks)

Exam-style question

Vous racontez dans votre blog ce que vous faites sur votre portable.

Décrivez:
- ce que vous faites en général avec votre portable
- combien de temps vous passez en ligne
- vos meilleurs moments en ligne la semaine dernière
- ce que vous allez faire en ligne ce week-end.

Écrivez environ **90** mots en **français**. Répondez à chaque aspect de la question. (16 marks)

The three key questions in the **skills boosts** will help you to improve your accuracy.

① How do I write correct verb forms?

② How do I check agreements and key words?

③ How do I improve my spelling?

Look at the sample student answers on the next page.

Unit 2 Improving your accuracy   **9**

Get started

Read these answers to the questions on page 9 and answer the questions below.

A

Salut!
Je fais de l'escrime depuis trois ans et c'est mon sport préféré. Je vais au club de ma ville deux fois par semaine. Quand je suis au club, j'oublie mes soucis et je ne suis plus stressé. En plus, c'est excellent pour la santé.
Josh

B

Salut!
J'ai souvent mon portable avec moi. Je vais sur les réseaux sociaux, je tchatte, je lis des articles et j'écris un blog. Je passe environ quatre heures par jour en ligne. La semaine dernière, j'ai fait des recherches pour mon blog et j'ai écrit un article sur Rihanna car c'est ma chanteuse préférée! C'était super parce que j'ai reçu des réactions intéressantes. Bien sûr, c'est dangereux de parler avec des inconnus donc je ne partage jamais mes infos personnelles. Ce week-end, je vais écouter de la musique et créer une nouvelle playlist.
Karima

1 Are the following statements true or false? ✓

		true	false
a	Josh has been doing fencing for several years.	☐	☐
b	He has to travel to another town for his hobby.	☐	☐
c	He goes to the fencing club once a week.	☐	☐
d	He thinks it is a healthy pastime.	☐	☐
e	When she goes online, Karima chats to her friends.	☐	☐
f	She spends several hours a day online.	☐	☐
g	She looks forward to readers' reactions to her blog article.	☐	☐
h	She rarely shares her personal details.	☐	☐
i	She listens to music every weekend.	☐	☐
j	She is about to create a new playlist.	☐	☐

2 What gender (masculine/feminine) or number (singular/plural) are the following nouns? What clues do you get from the texts? Complete ✏ the table.

nouns	gender M/F	number S/PL	clue(s)
sport	M	S	mon préféré ends with é
club			
ville			
soucis			
portable			
réseaux			
blog			
chanteuse			
réactions			
infos			
playlist			

Unit 2 Improving your accuracy

Skills boost

1) How do I write correct verb forms?

Be careful about the verb endings, which vary according to:
- the person (*je, il, elles*, etc.)
- the tense (present, perfect, imperfect, etc.)
- whether the verb is regular or irregular.

Present tense

	Regular verbs		Most common irregular verbs				Other common irregular verbs			
	-er: jouer	-ir: choisir	aller	avoir	être	faire	lire	mettre	prendre	sortir
je/j'	joue	choisis	vais	ai	suis	fais	lis	mets	prends	sors
il/elle/on	joue	choisit	va	a	est	fait	lit	met	prend	sort
nous	jouons	choisissons	allons	avons	sommes	faisons	lisons	mettons	prenons	sortons
ils/elles	jouent	choisissent	vont	ont	sont	font	lisent	mettent	prennent	sortent

1) Look at the present tense verb forms in the table and answer ✏️ the questions.

a What do the *je* forms (except regular -er verbs and *avoir*) have in common? ....

b What are the possible final letters for *il/elle/on* forms? ....

c All *nous* forms end in -ons, with one exception: what is it? ....

d What do the *ils/elles* forms have in common? ....

2) Fill in ✏️ the gaps in this text about sport, using the present tense of the verb in brackets.

> Nous [être] ......sommes...... très sportifs dans ma classe. Nous [avoir] .... un gymnase en ville et nous [aller] .... régulièrement à l'entraînement. Nous ne [jouer] .... pas au foot mais mes copains [jouer] .... au rugby. Ils [avoir] .... un bon entraîneur*, ils [aller] .... au stade deux fois par semaine et ils [être] .... très forts. Mes amis Louis et Alexis [faire] .... aussi de l'équitation. Moi, je [jouer] .... au basket et je [faire] .... de la natation: je [aller] .... à la piscine tous les samedis.   *coach*

3) The perfect tense is the present tense of *avoir* or *être* followed by a past participle, e.g. *j'ai joué, je suis allé(e), je me suis amusé(e)*. Write ✏️ the past participle for each of these verbs.

pris	choisi	été	eu	fait	lu

choisir ....   avoir ....   être ....

faire ....   lire ....   prendre ....

4) On paper, write ✏️ four sentences in the perfect tense about sport. Use four different verbs. Be careful about the endings!

Unit 2 Improving your accuracy   11

Skills boost

2. How do I check agreements and key words?

Many small words carry important information. Take care with possessive adjectives (**mon** sport préféré), personal pronouns (**j'**ai reçu) and negatives (je **ne** suis **plus** stressé). Use them accurately to make sure your meaning comes across.

1 To use a possessive adjective, you need to know whether the noun it accompanies is masculine, feminine or plural.

> le portable (m) – **mon** portable = my mobile
> la ville (f) – **ma** ville = my town
> l'école (f, noun begins with a vowel) – **mon** école = my school
> les infos personnelles (pl) – **mes** infos personnelles = my personal details
> When you note down vocabulary, always note the gender too – m or f, le or la.

a Fill the gaps with the correct word for 'my': mon, ma or mes.

b Circle the noun it accompanies.

Mes (_loisirs_)

.... sortie préférée, c'est aller au cinéma avec .... amis.

.... copain Ben adore les films d'aventure et .... amie Elsa aime bien la science-fiction. .... copines Léa et Maeva sont fans de films d'épouvante, c'est bizarre! .... livres préférés, ce sont les mangas.

.... mère ne comprend pas ça. Par contre, je lis des romans policiers sur .... tablette. Je regarde quelquefois des films sur .... portable.

---

2 Lilou writes about the weekend activities that she and her brother Félix do. Match up the sentence halves.

> Le week-end, je fais beaucoup d'activités mais Félix reste à la maison.

Hier, je	va encore rester dans sa chambre.
J'	ai pris une douche.
Après le foot, j'	suis allée au stade.
Aujourd'hui, je	vais sortir avec mes copines. Pour Félix, c'est différent ...
Hier matin, il	ai joué au foot pendant deux heures.
Demain, il	est resté dans sa chambre.

3 On paper, rewrite the sentences that are about TV so that the words are in the correct order, then translate them into English. Check carefully how you have placed the two parts of the negative expressions.

a n'aime télé-réalité Leïla de les ' pas émissions

b documentaires jamais regarde Thomas les ne

c rien magazines dans comprend les culturels Melissa ne

12 Unit 2 Improving your accuracy

Skills boost

3 How do I improve my spelling?

In your writing, you won't lose marks for the occasional spelling mistake. However, too many errors could make your meaning unclear. Practise these techniques to improve your spelling.

1 The spelling mistakes in this text about weekend activities have been highlighted.

   a Circle Ⓐ the words that you think have a wrong or missing accent.

   b Underline A words that have spelling errors.

   c Correct ✎ them all, using a dictionary or word list to check.

> Le week-end, jai fais de l'équitation et l'ete, je vai aussi à la piscine. Quequefos, je joue au badminton avec mon grand-père, c'est maran. Je n'aime pas la pétanque par contre, ses enyueux. Je fais aussi des activities avec mais amis. Par exemple, nous alon au cinéma ou a la pizzéria. La semaine dernier, nous avons vut 'Starzzz', un film passionante. Samedi prochan, on va regardé un match de hockey sur glass.

To memorise spellings, **look** at the word, **cover** it, **write** it, **check** it.
Take care with words that are similar, but not quite identical to English, such as *activités*.

Accents matter! Take these examples:
*Elle cr**ée** une playlist.* – present tense
*Elle a cr**éé** une playlist.* – perfect tense; *a* from *avoir*, meaning 'has', used to form the perfect tense
*Elle montre la playlist **à** son copain* – preposition *à* meaning 'in' or 'to'.

2 a Find **ten** words with mistakes in this text about reading and correct ✎ them.

> Ma passion, ces la lecture. Je lit des romans d'adventure et aussi des mangas. Ce soir, je vais commencé un nouveau roman sur ma tablet, 'Dragon de Glace'. Hier, sur Internet, je trouvé des blogs de voyage tres interesant. En plus, je suis fan de sites 'booktube'. On tchatté sur nos livres préferes, c'est vraiment super.

When you read through your work, use a mental checklist to make sure your text is clear and accurate. Look out for:
- words, including those similar to English, that are wrongly spelled
- missing or wrong accents
- verb forms
- feminine and/or plural agreements.

b Look at the hint on the right. Add ✎ other types of mistakes that you want to watch out for.

....

Unit 2 Improving your accuracy   13

Sample response

Get back on track

To improve your accuracy, you need to:
- use correct verb forms when writing about the past, present or future
- check small-but-important words such as possessive adjectives, subject pronouns and negatives
- avoid leaving too many spelling mistakes that make your meaning unclear.

Look at these answers to the two exam-style questions you saw on page 9.

A

Salut!
Je fais de l'escalade avec mes amis depuis deux ans et j'adore ça. Il y a un mur d'escalade dans mon collège, donc c'est pratique. Ça me fait du bien parce que c'est bon pour le corps et pour le mental.
Luke

Learn by heart vocabulary related to your own interests, and impress the examiner by writing words like l'escalade without errors.

B

Avec mon portable, je prends beaucoup de photos quand je sors avec mes amis. On s'amuse bien! Je ne téléphone jamais à mes parents. Par contre, ma mère écrit des mails, mon père envoie des messages courts et je réponds. Je passe trois heures par jour sur les réseaux sociaux. La semaine dernière, je suis allée dans un forum en ligne. Je suis restée deux heures et j'ai appris des choses passionnantes.
Samedi, je vais mettre des photos sur Instagram mais je vais aussi retrouver ma copine Morgane. Je suis contente car nous allons au cinéma!
Samia

1 Find these verb forms in the two texts. Write them here:

  a present tense, *je* form: je fais, ...

  b present tense, *nous* form: ....

  c present tense, third person singular: ....

  d perfect tense: ....

  e near future tense: ....

2 a What gender are these French words? Circle M or F.

  i collège   M   F

  ii message   M   F

  iii chose (thing)   M   F

  b What clues in the text tell you this? Write your clues above.

3 a Which words in student answer **B** above show that the writer is female?

  ....

  b How would they be written if the writer was male?

  ....

Unit 2 Improving your accuracy

Get back on track

Your turn!

You are now going to plan and write your own answer. Choose one of the two exam-style questions you saw on page 9.

1 First jot down 🖉 your ideas for the four bullets, thinking of things you know you can say in French.

- your favourite sport:
  ....
  ....

- how long you've been doing it:
  ....
  ....

- where you do it:
  ....
  ....

- why you enjoy it:
  ....
  ....
  ....

- what you generally do with your mobile phone:
  ....
  ....

- how long you spend online:
  ....
  ....

- your best experience online last week:
  ....
  ....

- what you are going to do online this weekend:
  ....
  ....

2 Write 🖉 your answer. Then check your work with the checklist.

Checklist	✓
In my answers do I …	
answer all the bullet points?	
use correct verb forms?	
use small words like possessive adjectives and subject pronouns correctly?	
use negative phrases (ne … jamais/plus/rien) correctly?	
spell words accurately, including accents?	

....
....
....
....
....
....
....
....
....

If you want more practice, tackle the other writing exam-style question on page 9 on paper 🖉.

Unit 2 Improving your accuracy

Review your skills

Get back on track

Check up

Review your response on page 15 to the exam-style question. Tick ✓ the column to show how well you think you have done each of the following.

	Not quite ✓	Nearly there ✓	Got it! ✓
written correct verb forms	☐	☐	☐
checked agreements and made sure key words are correctly used	☐	☐	☐
improved my spelling using a mental checklist	☐	☐	☐

Need more practice?

On paper, plan and write ✎ your response to the exam-style tasks below.

Exam-style question

Vous parlez de télévision avec votre ami(e) français(e).

Mentionnez:
- votre émission préférée
- quand vous la regardez
- ce qu'on peut voir dans cette émission
- ce que vous aimez dans cette émission.

Écrivez environ **40** mots en **français**. (16 marks)

Exam-style question

Sur votre blog, vous parlez de vos sorties préférées.

Décrivez:
- où vous sortez normalement avec vos amis
- les endroits pour sortir dans votre ville
- une sortie récente
- une sortie que vous allez faire bientôt.

Écrivez environ **90** mots en **français**. Répondez à chaque aspect de la question. (16 marks)

How confident do you feel about each of these **skills**? Colour ✎ in the bars.

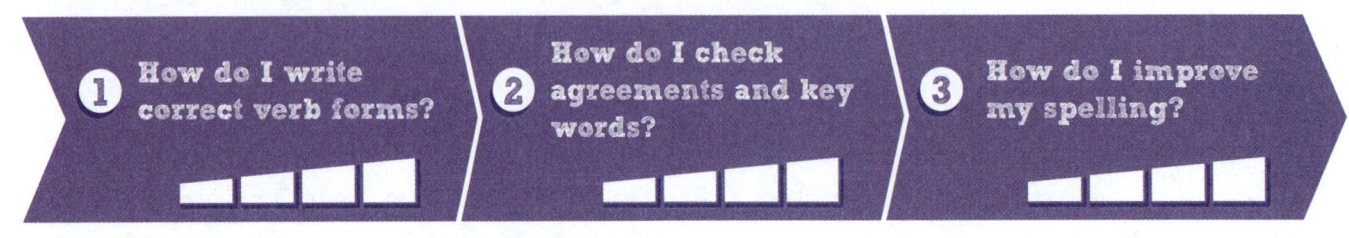

1. How do I write correct verb forms?
2. How do I check agreements and key words?
3. How do I improve my spelling?

16 Unit 2 Improving your accuracy

Get started

③ Making your meaning clear

This unit will help you learn how to make your meaning clear. The skills you will build are to:
- write clear sentences
- write natural-sounding French
- use the right style.

In the exam, you will be asked to tackle writing tasks such as the two below. This unit will prepare you to plan and write your own responses to these questions.

Exam-style question

Vous décrivez votre semaine typique à votre correspondant français.

Mentionnez:
- comment vous allez au collège le matin
- les vêtements que vous portez au collège
- où vous déjeunez pendant la semaine
- ce que vous faites le week-end.

Écrivez environ **40** mots en **français**. (16 marks)

Exam-style question

Vous communiquez sur les réseaux sociaux avec votre ami français Victor.

Décrivez:
- votre fête préférée
- ce qu'on mange pour cette fête
- un mariage où vous êtes allé(e)
- comment vous allez célébrer votre prochain anniversaire.

Écrivez environ **90** mots en **français**. Répondez à chaque aspect de la question. (16 marks)

The three key questions in the **skills boosts** will help you to make your meaning clear.

① How do I write clear sentences in French?

② How do I write natural-sounding French?

③ How do I use the right style?

Look at the sample student answers on the next page.

Unit 3 Making your meaning clear 17

Get started

Read one student's answer to the first question on page 17.

Exam-style question

- comment vous allez au collège le matin
- les vêtements que vous portez au collège
- où vous déjeunez pendant la semaine
- ce que vous faites le week-end.

> Salut!
> Je vais au collège en bus. Il passe près de chez moi.
> On doit porter un uniforme mais je peux mettre un pantalon.
> Depuis septembre, je mange à la cantine, sauf le samedi car je n'ai pas cours.
> Le week-end, je retrouve mes amis ou je travaille.
> Au revoir!
> Beth

1 The answer above gives two details for each bullet point. Find them and fill in the table in English.

	detail 1	detail 2
transport to school	by bus	
clothes at school		
midday meal		
plans for weekend		

2 Read this response to the second question on page 17 about festivals. Answer the questions below.

> Salut Victor!
> Ma fête préférée, c'est Pâques, parce qu'il fait beau et on peut faire de grandes promenades. Ma mère prépare un super bon déjeuner et en plus, on mange plein de chocolat. J'adore ça! L'année dernière, je suis allé au mariage de ma tante. On a beaucoup dansé. Mon père a chanté mais c'était embarrassant parce qu'il chante très mal. L'été prochain, je vais avoir 16 ans et je vais organiser une fête avec mes copains. On va bien rigoler. Tu peux venir? C'est quand, tes vacances?
> À plus.
> Sam

Who … ?

a enjoys long walks at Easter ....anyone including Sam....

b prepares a really nice lunch ....

c eats lots of chocolate ....

d got married last year ....

e danced a lot ....

f sang ....

g cannot sing well ....

h is going to turn 16 ....

i will have a good laugh ....

j is invited to the party ....

Unit 3 Making your meaning clear

Skills boost

1 How do I write clear sentences in French?

Take time to check your writing and make sure that what you mean to say is clear to the reader. In particular:
- check that the verbs match their subject pronouns (e.g. *je, il, elle, nous, ils, elles*)
- be clear about the meaning of modal verbs (*pouvoir, devoir*)
- check that past and future verb forms are accurate.

1 Fill the gaps with a logical subject pronoun and verb, using the verb given in brackets.

a Ma grand-mère a 80 ans aujourd'hui. __Elle__ __vient__ chez nous ce soir. (*venir*)

b Mes parents et moi, _____ _____ Noël ensemble. (*préparer*)

c Louis et Paul font une salade. _____ _____ des tomates. (*prendre*)

d Je mange un sandwich parce que _____ _____ faim. (*avoir*)

e Mon père n'aime pas les gâteaux, mais _____ _____ le chocolat. (*adorer*)

f Après les cours, mes copains et moi, _____ _____ souvent à la plage. (*aller*)

2 You use *pouvoir* to say what **can** be done, and *devoir* to say what **must** be done.
Match up the sentence halves to make full sentences that make sense.

A On doit aller	a un uniforme: c'est obligatoire.
B Je dois me lever	b me lever tard.
C À midi, on peut déjeuner à la cantine	c le mercredi après-midi.
D Le week-end, je peux	d ou apporter des sandwichs.
E Au collège, on doit porter	e au collège du lundi au samedi.
F Je peux faire mes devoirs	f tôt pour prendre le bus à 8 heures.

(A–e matched)

3 Circle the correct option and mark if each sentence is about the past (P) or future (F).

a Hier, pour le 14 juillet, on **va sorti** / **est sortis** / **a sorti** le soir.

b Demain, on **va regarder** / **a regarder** / **va regardé** le feu d'artifice.

c Samedi dernier, mon père **ai fait** / **a fait** / **va fait** un bon repas.

d Après-demain, je **suis ranger** / **vais ranger** / **ai ranger** ma chambre.

e Le week-end dernier, je **suis allé** / **a allé** / **suis aller** à une fête d'anniversaire.

f Dimanche dernier, j'ai **invite** / **inviter** / **invité** des copains.

> Using correct verb forms will make it clear whether you're writing about the past or the future.
>
> | the past: perfect tense | avoir + past participle e.g. *j'ai dansé* | être + past participle e.g. *elle est sortie* |
> |---|---|---|
> | the future: near future tense | aller + infinitive e.g. *elle va danser, ils vont sortir* | |

Unit 3 Making your meaning clear 19

Skills boost

2 How do I write natural-sounding French?

French isn't a mirror image of English. The two languages have different ways of talking about things like the weather, how old you are, how long you have been doing something, and so on.

Learn the differences and use the right French phrases to make your meaning clear.

1 a For the topics listed below, French and English express things differently. Draw lines ✏ to link each one to an example.

> To help you with these differences, keep writing vocabulary in whole phrases when you learn and revise vocabulary.

b Then translate ✏ the examples into English.

c Explain ✏ what you think is the main difference between the English and the French ways.

topic	example	translation	comments
weather	Aujourd'hui, je prépare un gâteau pour mon anniversaire.		
age	J'adore les baskets de ma sœur mais je déteste son sweat bleu.		
other phrases with *avoir*	Depuis janvier, je vais au collège à pied.		
how long, since when	Je vais chez mon copain et puis je rentre chez moi.		
at/to someone's house	Il fait chaud.	It's hot.	English uses 'is' (verb: to be), but French uses 'fait' (verb: faire)
word order	J'ai 15 ans.		
action in the present	J'ai faim. J'ai froid.		

20   Unit 3 Making your meaning clear

Skills boost

3) How do I use the right style?

You don't write in the same way to friends and relatives as you would to adults outside the family. In French, the main differences between informal and formal styles (also called 'registers') are:
- the choice of vocabulary, for example *les copains* (informal) instead of *les amis* (formal)
- the use of *tu/toi/ton/tes* instead of *vous/votre/vos*
- signing with just your first name or with your full name.

1) In the 90-word writing task in the exam, you will have to use either the formal or the informal style. If you are asked to write to 'your French friend Victor', for example, you would use informal style.

Here is one of the sample answers from page 18. Circle (A) examples of **informal style** in it.

Exam-style question

Vous communiquez sur les réseaux sociaux avec **votre ami français Victor**.

> (Salut Victor!)
> Ma fête préférée, c'est Pâques, parce qu'il fait beau et on peut faire de grandes promenades. Ma mère prépare un super bon déjeuner et en plus, on mange plein de chocolat. J'adore ça!
> L'année dernière, je suis allé au mariage de ma tante. On a beaucoup dansé. Mon père a chanté mais c'était embarrassant parce qu'il chante très mal.
> L'été prochain, je vais avoir 16 ans et je vais organiser une fête avec mes copains. On va bien rigoler. Tu peux venir? C'est quand, tes vacances?
> À plus.
> Sam

2) In this exam-style question, you are expected to use a more **formal style**. Explain why.

Exam-style question

Vous participez à un sondage en ligne sur les fêtes.

Décrivez:
- votre fête préférée
- ce qu'on mange pour cette fête
- un mariage où vous êtes allé(e)
- comment vous allez célébrer votre prochain anniversaire.

3) Circle and link these phrases in pairs, one formal and one informal.

(je vous envoie)   s'il vous plaît   c'est super cool   le prof

c'est génial   (c'est impressionnant)   cordialement   je me passionne pour

à plus!   (je t'envoie)   ma copine   s'il te plaît

je suis fan de   le professeur   mon amie   c'est vraiment intéressant

Unit 3 Making your meaning clear 21

Sample response

Get back on track

To make your meaning clear, you need to:
- write clear sentences by checking things like subject pronouns and verb forms
- write natural-sounding French, not a mirror image of English
- use the right style, formal or informal, for your audience.

Look at these exam-style writing tasks, with a sample answer for each.

Exam-style question

Vous faites un échange dans un collège en France. Vous aidez votre classe à organiser un pique-nique pour le 14 juillet. Écrivez un mail au professeur.

Mentionnez:
- ce que les élèves voudraient boire et manger
- comment vous allez faire les courses
- où vous faites le pique-nique
- pourquoi vous aimez cet endroit.

Écrivez environ **40** mots en **français**. (16 marks)

Madame,
Pour le pique-nique, on voudrait acheter des sandwichs, des fruits et de la limonade. Je fais les courses aujourd'hui avec Mouna parce que nous n'avons pas cours. Le meilleur endroit, c'est le terrain de sport, parce qu'on peut manger sur l'herbe quand il fait beau.
Cordialement
Olivia Newton

Exam-style question

Un anniversaire

Vous communiquez sur les réseaux sociaux avec vos amis français. Vous racontez l'anniversaire d'un copain/d'une copine.

Expliquez:
- depuis quand vous connaissez ce copain/ cette copine
- ce que vous avez aimé dans cette fête
- ce que vous avez mangé
- ce que vous allez faire pour <u>votre</u> anniversaire.

Écrivez environ **90** mots en **français**. Répondez à chaque aspect de la question. (16 marks)

Salut!
Je connais Harrison depuis deux ans. Pour ses 16 ans, il a fait une fête chez lui et c'était génial. Son père a préparé un barbecue dans le jardin mais il a plu, alors on a mangé sous les parapluies. C'était plus original que dans la maison! Il y avait des burgers et un gâteau au chocolat.
Mon anniversaire est en janvier, donc je ne peux pas faire de barbecue parce qu'il fait froid! Je vais nettoyer le garage et inviter mes copains. On va écouter de la musique et manger des pizzas. Super!
Jamie

---

(1) Note examples of the following in the two answers.

Subject pronoun + verb in the past: *il a fait* ....

Subject pronoun + verb in the future: *je vais faire les courses* ....

Present tense + *depuis*: ....

Modal verb (*devoir*, *pouvoir*) + infinitive: ....

Subject pronoun *on*: ....

Word order that is different from English: ....

Formal style: ....

Informal style: ....

Unit 3 Making your meaning clear

Get back on track

Your turn!

You are now going to plan and write your response to both the exam-style tasks from page 17.

1 First jot down 🖉 your ideas, using things you know you can write in French.

- how you go to school in the morning:
  ....
- what you can wear/have to wear at school:
  ....
- where you get your lunch during the week:
  ....
- your plans for the weekend:
  ....

- your favourite special occasion:
  ....
- what's normally eaten on that occasion:
  ....
- a wedding you've been to:
  ....
- how you'd like to celebrate your next birthday:
  ....

2 Write 🖉 your answers to the exam-style questions. Then check your work with the checklist.

....
....
....
....
....
....
....
....
....
....
....
....
....
....
....
....
....

Checklist	✓
In my answers do I …	
answer all the bullet points?	
check that personal pronouns and verb forms clearly match?	
use *je peux* or *je dois* correctly?	
check that past and future verb forms are clear and correct?	
identify where things are said differently in French and in English?	
use the right style ('register'): formal or informal?	

Unit 3 Making your meaning clear

Review your skills

Check up

Review your response to the exam-style question on page 23. Tick ✓ the column to show how well you think you have done each of the following.

	Not quite ✓	Nearly there ✓	Got it! ✓
written clear sentences	☐	☐	☐
written natural-sounding French	☐	☐	☐
used the right style	☐	☐	☐

Need more practice?

On paper, plan and write ✏️ your response to the exam-style questions below.

Exam-style question

Vous répondez à un sondage en ligne sur les repas en famille au restaurant.

Mentionnez:
- à quelle(s) occasion(s) vous allez au restaurant en famille
- quels restaurants vous choisissez en général
- ce que vous aimez manger au restaurant
- votre prochain repas en famille au restaurant.

Écrivez environ **40** mots en **français**.

To write a good answer, try to include:
- relevant information
- accurate use of grammar such as verb forms
- correct use of style and register.

(16 marks)

Exam-style question

Vous décrivez votre vie quotidienne sur les réseaux sociaux pour vos amis français.

Expliquez:
- comment vous allez au collège
- ce que vous faites habituellement le week-end
- votre journée préférée
- le prochain repas que vous allez préparer.

Écrivez environ **90** mots en **français**.

(16 marks)

How confident do you feel about each of these **skills**? Colour ✏️ in the bars.

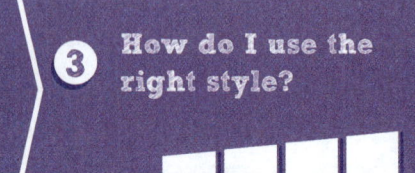

1. How do I write clear sentences in French?
2. How do I write natural-sounding French?
3. How do I use the right style?

24   Unit 3 Making your meaning clear

Get started

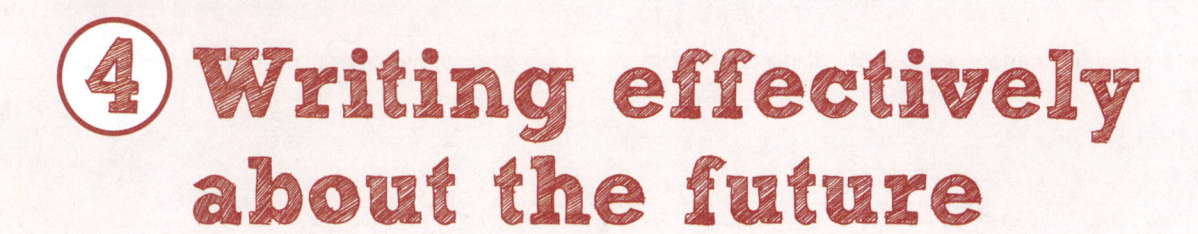

④ Writing effectively about the future

This unit will help you learn how to vary tenses. The skills you will build are to:
- use opportunities to write about the future
- vary references to the future for added interest
- use the near future tense correctly.

In the exam, you will be asked to tackle writing tasks such as the one below. This unit will prepare you to plan and write your own response to this question. The question has one bullet point that asks you to write about something in the future.

Exam-style question

Écrivez un mail sur votre ville à votre correspondant(e).

Dites:
- ce qu'il y a à voir dans votre ville
- ce que vous avez fait en ville le week-end dernier
- les côtés négatifs et positifs de votre ville
- ce que vos allez faire en ville le weekend prochain.

Écrivez environ **90** mots en **français**. Répondez à chaque aspect de la question. (16 marks)

The three key questions in the **skills boosts** will help you to improve how to do this.

① How do I use opportunities to write about the future?

② How do I vary references to the future for added interest?

③ How do I make sure I use the near future tense correctly?

Look at the sample student answer on the next page.

Unit 4 Writing effectively about the future 25

Get started

1 Read one student's answer to the writing task from page 25 and answer the questions that follow it.

> Oxford est une ville super pour les touristes parce qu'il y a beaucoup d'attractions, comme l'université et les musées. Le week-end dernier, j'ai retrouvé des copains au cinéma. On a vu un film d'action.
>
> Les magasins sont sympa et les rues sont propres mais il y a trop de circulation au centre-ville. Avant, c'était moins pollué.
>
> Samedi prochain, mes copains et moi allons faire du kayak mais s'il pleut, on va visiter le musée Pitt Rivers. J'espère* qu'il va faire beau parce que j'ai déjà visité le musée cette année!
>
> *I hope

Tick ✓ to say if these statements are true or false. true false

a The writer thinks Oxford has a lot to offer to visitors.

b Last weekend, he visited a museum.

c The positive aspects of the city are nice shops and clean streets.

d The town centre is going to be less polluted than it was before.

e The writer prefers kayaking to going to the museum.

f He's hoping to visit the museum this year.

2 a Underline Ⓐ all the verbs in the present tense.

b Highlight verbs in a past tense.

c Circle Ⓐ verbs in the near future (*aller* + infinitive).

3 Read the answer again. Note two expressions that introduce a reference to:

a the past ....

b the future ....

26 Unit 4 Writing effectively about the future

Skills boost

1 How do I use opportunities to write about the future?

Make sure you respond appropriately to a question that **requires** you to write about the future. If you want to, you can add more references to the future when covering other bullets, but you don't have to. And remember, you can add an opinion.

1 Tick ✓ the phrases in this list that refer to the future.

a ce qu'il y a à faire dans ta ville

b ce que tu vas faire en ville dimanche prochain

c ce que tu as fait pendant ta dernière sortie

d ce qu'on peut visiter dans la région

e ce que tu as visité dans la région

f ce que tu vas visiter dans la région

2 Read four answers to this question: *Qu'est-ce que vous trouvez bien dans votre région?* Sentences A–D say something the student likes in their region, then a–d add something they are **going to do**. Draw lines to link them up to make sense.

A Le Yorkshire, c'est top parce que la nature est très belle.

B Dans ma région, il y a beaucoup de montagnes.

C Ici, il y a des plages où on fait des sports nautiques.

D En Écosse, il y a des terrains de golf et des châteaux fantastiques.

a Le week-end prochain, ma famille et moi allons faire du ski. Ça va être sympa.

b Cette semaine, je vais visiter Stirling Castle avec ma classe. Ça va être intéressant.

c Pendant les vacances, je vais faire une randonnée avec mes amis. Ça va être super!

d L'été prochain, je vais faire du jet-ski. Ça va être cool!

3 Read sentences a–d again and underline Ⓐ the phrases that introduce a reference to the future.

4 Here are other time phrases you may recognise. Fill in the vowels.

a d...m....n

b c...t...t...

c l'...nn......pr...ch...n

d ...pr...s-d...m...n

e c.....w......k-....nd

f l'...t.....pr....ch.....n

g c....s......r

h p....nd....nt l.....w.......k-....nd

> Give your opinion about something in the future:
> **Ça va être** + adjective
> (*super, intéressant, sympa, cool,* etc.)

5 On paper, write other endings for sentences A–D in **2**, using the phrases on this page and others you know. Add your opinion.

Unit 4 Writing effectively about the future 27

Skills boost

2. How do I vary references to the future for added interest?

Giving an example of what you are planning to do is one way to introduce the future, but there are others. For instance:
- say what you're going to do **when something happens**
- say what you're going to do **according to the weather**
- say what **you hope** the weather will be like.

And remember, *je* is not the only subject pronoun you can use!

1 Read this email written to a penpal who's coming to stay.

   a Underline (A) all the verbs in the near future tense.

> Ma ville est géniale parce qu'il y a plein de choses à faire. Quand tu vas venir, s'il pleut, on va faire du shopping ou bien regarder un film au cinéma. S'il fait beau, nous allons nous baigner à la plage. J'espère qu'il va faire chaud tous les jours!

   b Read it again and circle (A) the phrases that introduce references to the future.

2 This student has written about what he wants to do next weekend. Fill in the gaps with *si* or *s'*, *quand* or *j'espère qu'*.

> Samedi, ... je vais finir mes devoirs et .... il fait beau, je vais aller au stade avec un copain mais .... il pleut, on va rentrer regarder un film. .... il va faire beau parce que je voudrais jouer au foot! Dimanche, ... j'ai le temps*, et .... mes parents sont d'accord, je vais aller en ville acheter un nouveau jeu vidéo. Ça va être super!
>
> *I have the time

Remember:
- use a present tense after *si*
  s'il **fait** chaud
  si j'**ai** le temps
- use a future tense after *quand* and *j'espère que*
  quand je **vais finir**
  j'espère qu'il **va faire** chaud

3 Now it's your turn to make up sentences about possible activities next weekend.

   Example: *S'il ne pleut pas, je vais faire du jogging.*

   a S'il fait beau, je ....

   b S'il ...., on ....

   c Si j'ai le temps, je ....

   d Si je ...., je ....

   e Quand il va faire beau, nous ....

   f Quand je ...., je ....,
   ....

28   Unit 4 Writing effectively about the future

Skills boost

3 How do I make sure I use the near future tense correctly?

Some simple steps will help you use the near future tense correctly. Make sure you:
- know all the forms of *aller* in the present tense
- remember to use an infinitive after *aller*
- if it's a reflexive verb, include the pronoun *me*, *te*, *se*, etc. after *aller*.

1 Read this email written to a French penpal in which the writer gives details of the weekend they are going to spend camping. Fill the gaps with the correct forms of the verb *aller*.

Salut!
Quand tu .... venir, nous .... faire du camping dans les collines de la région. Ça .... être génial, les paysages sont beaux! S'il pleut, mes parents .... venir avec nous et nous .... partir en camping-car. Je .... préparer un sac à dos pour ma sœur et toi. Vous .... adorer camper. On ne .... pas s'ennuyer!

The near future tense = *aller* + infinitive.
Remember the extra pronoun for reflexive verbs.

je vais	(me)
tu vas	(te)
il/elle va	(se)
nous allons	(nous)
vous allez	(vous)
ils/elles vont	(se)

+ infinitive

Negative sentences:
Il **ne** va **pas** faire beau.
Je **ne** vais **pas** me promener.

2 This answer about plans for the summer has **nine** mistakes in the verb forms.

a Can you spot and circle them?

Cet été, je vais visité ma région avec deux copains. Ils va venir en train et nous allons parti à vélo. On vas camper près d'un lac. Le matin, je vais baigner, ça va être super! S'il fait beau, nous vons faire des randonnées à vélo. Après, nous allons détendre à la piscine du camping. On va bien amuser! S'il pleut, ça va ne pas être drôle.

b Rewrite the above answer correctly.

....
....
....
....

3 Now imagine you are going to take a French friend camping in your area. On paper, write an email to explain what you're going to do (about 50 words). Make sure you use the near future tense correctly!

Unit 4 Writing effectively about the future

Get back on track

Sample response

Here is an answer to the task you saw on page 25. Has this student written effectively about the future?

> Dans mon village, il n'y a pas beaucoup de choses intéressantes, juste un château et un parc. Dimanche dernier, je suis allé au château avec mes amis. Ce n'était pas super. Ici, c'est ennuyeux; par contre, c'est calme et la nature est jolie.
>
> Samedi prochain, je vais aller en ville avec des amis. Quand ils vont arriver, nous allons prendre le bus pour aller au stade et voir un march de foot. J'espère qu'il ne va pas pleuvoir! Si on a le temps, on va manger une pizza au centre-ville. Ça va être sympa!

1 Find in the answer examples of the things listed below. Note them in the table.

use a time phrase to give an example of what you're going to do	Samedi prochain
add an opinion about something in the future with ça va être …	
use si + present tense	
use quand + near future tense	
use j'espère que to say what you hope the weather will be like	
use a variety of subject pronouns	
use aller + infinitive correctly	
use aller + infinitive with a reflexive verb and/or a negative	

2 Use these student notes to answer on paper the question on page 25. Use the grid above to guide you.

> In Pitlochry: river, lake, beautiful
> Not much for young people, sports centre, cafés
> Ideal if you like the mountains, not much entertainment
> Walk with a friend, hope no rain, if rain go and have an ice cream
> Sunday, if we can, visit castle with my family – cool!

Remember: you don't have to refer to all three time frames (past, present and future) in the short writing task, only in the extended writing task.

30   **Unit 4 Writing effectively about the future**

Get back on track

Your turn!

You are now going to plan and write your own response to the exam-style task on page 25.

1 First jot down ✏️ your ideas for each bullet.

What is there to see in your town? ....
....

What did you do in town last weekend? ....
....

What are the positive and negative things about your town? ....
....

What are you planning to do in town next weekend? ....
....

2 Answer ✏️ the question. Then check your work with the checklist.

Checklist	✓
In my answer do I …	
use a near future tense if a bullet point mentions the future?	
give an example of what I'm planning to do?	
use *si* + a present tense?	
use *quand* + a future tense?	
use a near future tense (*aller* + infinitive) correctly?	
use *aller* + infinitive with a reflexive verb?	
add an opinion about something in the future?	
use *j'espère que* to say what I hope the weather will be?	
use a variety of subject pronouns?	

Unit 4 Writing effectively about the future

Get back on track

Review your skills

Check up

Review your response to the exam-style question on page 31. Tick ✓ the column to show how well you think you have done each of the following.

	Not quite ✓	Nearly there ✓	Got it! ✓
used opportunities to write about the future	☐	☐	☐
varied references to the future for added interest	☐	☐	☐
used the near future tense correctly	☐	☐	☐

Need more practice?

On paper, plan and write ✎ your response to the exam-style question below.

Exam-style question

Nina, une amie française, et sa famille veulent passer une semaine dans ta ville cet été. Elle voudrait avoir des renseignements.

Écrivez un message à Nina. Vous devez faire référence aux points suivants:
- les attractions les plus populaires de la ville
- ce que vous avez fait en ville le week-end dernier
- pourquoi l'été est le meilleur moment pour visiter ta ville
- ce que vous allez faire ensemble pendant son séjour.

Écrivez environ **90** mots en **français**. Répondez à chaque aspect de la question. (16 marks)

To write a good answer, try to include:
- relevant information, some with extra details
- as little repetition as possible
- references to the future, using the near future tense.

How confident do you feel about each of these **skills**? Colour ✎ in the bars.

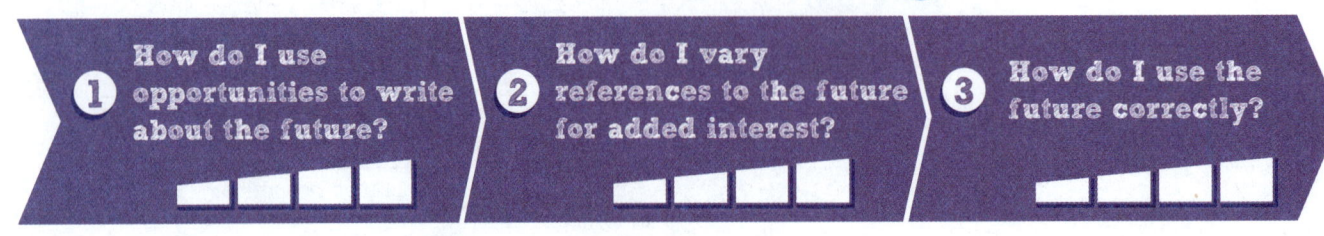

① How do I use opportunities to write about the future?

② How do I vary references to the future for added interest?

③ How do I use the future correctly?

32   Unit 4 Writing effectively about the future

Get started

⑤ Writing effectively about the past

This unit will help you learn how to write effectively about the past. The skills you will build are to:

- use opportunities to write about the past
- vary references to the past for added interest
- use the perfect tense correctly.

In the exam, you will be asked to tackle writing tasks such as the one below. This unit will prepare you to plan and write your own response to this question. As part of this task, you have to write in the present tense and also refer to the future and the past.

> **Exam-style question**
>
> Votre correspondant français vous pose des questions sur vos vacances en famille.
>
> Mentionnez:
> - où vous passez vos vacances en général
> - vos préférences pour le transport et le logement
> - vos activités pendant vos dernières vacances
> - vos projets pour l'année prochaine.
>
> Écrivez environ **90** mots en **français**. Répondez à chaque aspect de la question. (16 marks)

The three key questions in the **skills boosts** will help you to improve how you write about the past.

| ① How do I use opportunities to write about the past? | ② How do I vary references to the past for added interest? | ③ How do I make sure I use the perfect tense correctly? |

Look at the sample student answer on the next page.

Unit 5 Writing effectively about the past 33

Get started

1 Read one student's answer to the exam-style question on page 33 and answer the questions.

Exam-style question

Votre correspondant français vous pose des questions sur vos vacances en famille.
Écrivez-lui un mail.

> Tous les ans, nous allons au bord de la mer en famille.
> Nous prenons la voiture parce que c'est pratique. Nous allons à l'hôtel où nous avons réservé une chambre avec vue sur la mer.
> L'été dernier, à Nice en France, le temps était formidable. Nous nous sommes baignés et nous avons fait de la voile. C'était génial! Par contre, la plage était sale et il y avait trop de monde*. Quel dommage!
> L'été prochain, je vais aller dans un camp de vacances. Ça va être mes premières vacances sans ma famille!
> Sunita

* trop de monde – too many people

a Where does the writer, Sunita, go on holiday generally?

b Where did she go last year?

c Where will she go next year?

d What did she like doing during her last holiday?

e What didn't she like about her last holiday?

f Next summer, what's going to be different?

2 Read the student answer again. List the following:

a four verbs she uses to refer to the present

b six verbs she uses to refer to the past

c two verbs she uses to refer to the future

34   Unit 5 Writing effectively about the past

Skills boost

1 How do I use opportunities to write about the past?

Make sure you respond appropriately to a question that **requires** you to write about the past. If you want to, you can add more references to the past when covering other bullets. It can be a good way to ensure you vary your verb tenses.

1 Tick ✓ the phrases in this list that refer to the past.

a ce qu'il y a à faire dans ta ville
b ce que tu vas faire en ville demain
c ce que tu as fait hier soir
d ce qu'on peut visiter dans la région
e ce que tu as visité dans la région
f ce que tu vas visiter dans la région

2 When you write about what you do normally, you could also mention something you've done before. Read the answers addressing this question: *Vous logez où pendant vos vacances?* Draw lines to link up the sentences to make sense.

A En général, on réserve toujours une chambre dans le même hôtel au bord de la mer.	a L'été dernier, j'ai eu ma propre* tente. *own
B Tous les ans, en août, on va dans un camping.	b En 2016, nous avons loué une grande maison en montagne.
C Chaque été, mes parents et moi visitons une région en caravane.	c L'année dernière, c'était complet alors nous avons dû aller dans un autre hôtel.
D D'habitude, l'été, on loue* une maison. *louer – to rent	d Par exemple, il y a deux ans, nous avons fait le tour de la Bretagne.

3 Read sentences a–d again and underline Ⓐ the phrases that introduce a reference to the past.

4 Here are other time phrases you may recognise. Fill in the vowels!

a h ...... r
b ...... v ...... nt-h ...... r
c h ...... r s ...... r
d d ..... m ..... nch ..... d ..... rn ..... r
e l ..... w .... k- ..... nd d ..... rn .... r
f r ..... c ..... mm ..... nt

5 Write endings for these sentences about travels. Use the phrases on this page and others you know.

Example: *Tous les ans, je vais en France et l'année dernière, j'ai pris l'avion pour la première fois.*

Tous les ans, je vais en France en bateau ....

....

J'aime bien voyager en train ....

....

Chaque été, nous allons en vacances en avion ....

....

Unit 5 Writing effectively about the past 35

Skills boost

2 How do I vary references to the past for added interest?

You can write about the past in different ways. For instance, you can:
- create a contrast between now and before or something good and something bad
- give an example or an explanation
- add an opinion.

And remember, *je* is not the only subject pronoun you can use!

Part of the fun of a holiday abroad is trying new food. Read what a student has written to a French friend about his experience in Burgundy, France.

> Généralement, quand je vais en vacances, je mange toujours de la pizza mais l'été dernier, en Bourgogne, j'ai mangé des spécialités locales. En effet, je suis allé dans de bons restaurants avec mes parents et j'ai mangé des plats traditionnels. Par exemple, j'ai mangé du bœuf bourguignon. C'était délicieux! Par contre, comme dessert, j'ai mangé un gâteau et malheureusement, je n'ai pas aimé parce qu'il y avait trop de crème et c'était trop sucré.

1 Tick ✓ to say if these statements are true or false.   true   false

  a The writer ate only pizza when he went to Burgundy.

  b He ate in good restaurants.

  c He didn't eat beef.

  d He didn't like beef.

  e He loved the cake.

  f He found the cake too creamy and sweet.

2 a Circle Ⓐ **three** words/phrases the writer used to create a contrast.

  b Underline Ⓐ **three** words/phrases he used to give an example or an explanation.

  c Highlight ✎ **four** opinions on the food.

> Describing or giving your opinion about something in the past:
> **C'était/Ce n'était pas** + *sympa, génial, nul,* etc.
> **Il y avait/Il n'y avait pas de** + noun

3 Write ✎ four short paragraphs on paper about your holiday experiences, using the table below. Make part **1** about what happens generally, using the present tense, and parts **2–5** refer to the past. Include some time phrases from page 35.

1	2	3	4	5
Normalement, …	par exemple …	mais …	parce que …	C'était …
D'habitude, …	en effet …	par contre …	car …	Ce n'était pas …
Généralement, …		malheureusement …		Il y avait …
En général, …		cependant …		Il n'y avait pas de …
Tous les ans, …				
Chaque année, …				

Example: [1] *Normalement, je vais en vacances en France.* [2] *Par exemple, l'année dernière, je suis allé(e) à Paris.* [3] *Mais cette année, on est allés en Italie* [4] *parce que mon grand-père était malade.* [5] *C'était ennuyeux.*

Unit 5 Writing effectively about the past

Skills boost

3. How do I make sure I use the perfect tense correctly?

To use the perfect tense correctly, make sure you:
- know whether the verb you want to use needs *être* or *avoir*
- know whether the past participle is regular or not
- make the past participle agree if necessary
- use the correct word order in negative sentences.

1 Read Daniel's email to his French penpal about his misadventures during his last holiday. Fill the gaps with the present tense of *être* or *avoir*.

> Salut, Lou!
>
> Cet été, je _____ allé en vacances à Saint-Tropez avec mes parents. D'abord,
>
> j'_____ oublié mon appareil photo. Quel dommage! Ensuite, on _____
>
> mangé dans un grand restaurant mais ma mère _____ été très malade. Quand nous
>
> _____ allés à la plage, j'_____ pris un coup de soleil.
>
> Un soir, nous nous _____ promenés dans la ville et on m'_____ volé
>
> mon portable. Le dernier jour, mes parents _____ perdu leurs passeports.
>
> Ils _____ allés à la police et nous _____ raté notre avion. Nous n'avons
>
> pas passé de bonnes vacances!
>
> Daniel

> Present tense of **avoir**:
> j'ai, tu as, il/elle/on a, nous avons, vous avez, ils/elles ont
> Present tense of **être**:
> je suis, tu es, il/elle/on est, nous sommes, vous êtes, ils/elles sont

2 Read Katya's blog about her catastrophic holiday. Correct the mistakes (highlighted).

> Cet été, je suis **allé** en France mais c'était la catastrophe! D'abord, j'ai **ratée** mon Eurostar. Puis, à Lille, je me suis **trompé*** et je n'ai pas **prendu** le bon train. J'**ai** restée longtemps dans une gare et j'**ai m'ennuyé**.
>
> Quand j'ai arrivée chez ma correspondante, je **m'ai reposé** et après, j'ai **mettu** mon maillot et nous sommes **allés** à la plage. Il a plu alors nous n'avons nagé **pas**. Nous avons **voulé** faire du shopping mais tout était fermé. Nous **avons rentré** et nous avons regardé un film. Mais c'était nul.
>
> Katya
>
> *se tromper* – to make a mistake

> Learn which verbs use *être* in the perfect tense. Remember to add -e for feminine, -s for plural.
> In negative sentences, *ne ... pas* goes around the part of *avoir* / *être*:
> Je n'ai **pas** mangé.
> Je **ne** me suis **pas** ennuyé(e).

3 Now imagine you went on a short weekend break with your family to Paris last summer but it was catastrophic! On paper, write a blog about it (about 50 words).

Unit 5 Writing effectively about the past 37

Sample response

Here is Clare's answer to the question on page 33. Has she followed all the advice and written effectively about the past?

Exam-style question

- où vous passez vos vacances en général
- vos préférences pour le transport et le logement
- vos activités pendant vos dernières vacances
- vos projets pour l'année prochaine.

En général, nous allons en vacances à la campagne.

Je préfère le train car c'est écolo mais cet été, nous avons pris la voiture.

D'habitude, on loge chez ma grand-mère mais l'été dernier, j'ai pris une tente et j'ai dormi dans le jardin. C'était amusant!

Pendant les dernières vacances, nous ne nous sommes pas baignés parce qu'il a beaucoup plu. Par contre, nous avons visité beaucoup de châteaux, par exemple on est allés à Castle Howard. Je ne me suis pas ennuyée.

L'année prochaine, nous allons passer un mois en France.

Clare

---

1 Find in the text examples of the things listed below. Note them in the table.

use a time phrase to refer to the past	l'été dernier
use a phrase to create a contrast	
use a phrase to give an example	
use a phrase to give an explanation	
use a variety of subject pronouns	
add an opinion about something in the past	
use *avoir* and *être* correctly to form the perfect tense	
use the correct form of the past participle	
make the past participle agree with the subject (*être* verbs)	
use the correct word order for verbs in the perfect tense	

38 Unit 5 Writing effectively about the past

Get back on track

Your turn!

You are now going to plan and write your own response to the exam-style question on page 33.

1 First jot down ✏️ your ideas for each bullet.

- Where do you generally go on holiday? ....

  Did you go anywhere different last year? ....

- How do you prefer travelling? ....

  Did you travel differently last time? ....

  Where do you like staying? ....

  Did you stay anywhere different last time? ....

- What did you do during your last holiday? ....

  ....

  What was your opinion of these activities? ....

  ....

- What are your plans for next year's holiday? ....

  ....

2 Answer ✏️ the question. Try to stay within the word count. Then check your work with the checklist.

Checklist	✓
In my answer do I …	
use a past tense if a bullet point mentions the past?	
spot and use an opportunity to refer to the past?	
use a time phrase to refer to the past e.g. *l'année dernière*?	
use a phrase to create a contrast e.g. *par contre*?	
use a phrase to give an example e.g. *en effet*?	
use a phrase to give an explanation e.g. *car*?	
use a variety of subject pronouns?	
add an opinion about something in the past?	
use the perfect tense correctly (*avoir/être*, past participle, agreement, word order)?	

Unit 5 Writing effectively about the past

Get back on track

Review your skills

Check up

Review your response to the exam-style question on page 39. Tick ✓ the column to show how well you think you have done each of the following.

	Not quite ✓	Nearly there ✓	Got it! ✓
used opportunities to write about the past	☐	☐	☐
varied references to the past for added interest	☐	☐	☐
used the perfect tense correctly	☐	☐	☐

Need more practice?

On paper, plan and write ✏ your response to the exam-style question below.

Exam-style question

Écrivez un message sur les réseaux sociaux.

Mentionnez:
- vos préférences pour une sortie au restaurant
- ce que vous mangez au restaurant en général
- votre dernière expérience au restaurant
- votre prochaine sortie au restaurant.

Écrivez environ **90** mots en **français**. Répondez à chaque aspect de la question.　　(16 marks)

> To write a good answer, try to include:
> - references to past, present and future events
> - sentences that are linked together
> - a variety of structures
> - a personal opinion.

How confident do you feel about each of these **skills**? Colour ✏ in the bars.

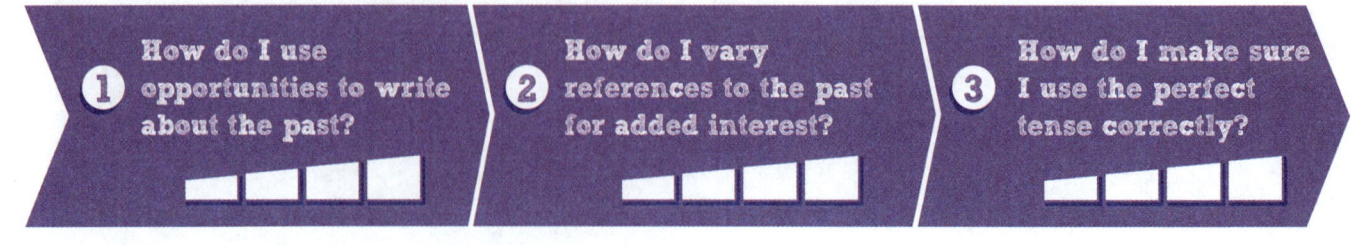

1. How do I use opportunities to write about the past?
2. How do I vary references to the past for added interest?
3. How do I make sure I use the perfect tense correctly?

Unit 5 Writing effectively about the past

Get started

6 Choosing and linking your ideas

This unit will help you learn how to choose and link your ideas when answering a question. The skills you will build are to:

- decide what you need to say
- organise your answer
- link your ideas logically.

In the exam, you will be asked to tackle writing tasks such as the one below. This unit will prepare you to plan and write your own response to this question.

Exam-style question

Vous parlez de votre vie scolaire sur votre blog.

Décrivez:
- votre journée préférée au collège
- les avantages et les inconvénients de votre collège
- ce que vous préfériez avant, à l'école primaire
- une prochaine sortie scolaire.

Écrivez environ **90** mots en **français**. Répondez à chaque aspect de la question. (16 marks)

The three key questions in the **skills boosts** will help you to choose and link your ideas.

1. How do I decide what I need to say?
2. How do I organise my answer?
3. How do I link my ideas logically?

Look at the sample student answer on the next page.

Unit 6 Choosing and linking your ideas   41

Get started

Here are the bullet points from the exam-style question on page 41 and one student's response.

Exam-style-question

- votre journée préférée au collège
- les avantages et les inconvénients de votre collège
- ce que vous préfériez avant, à l'école primaire
- une prochaine sortie scolaire.

> Le mardi, c'est cool car je n'ai pas sciences. Je déteste ça!
> Le collège est bien équipé. Par exemple, on utilise nos tablettes parce qu'il y a le Wi-Fi dans les classes, c'est génial. Par contre, il n'y a pas de piscine et je trouve ça dommage parce que j'aime nager.
> En primaire, je chantais dans la chorale, c'était sympa! Le collège n'a pas de chorale alors je ne chante plus, sauf à Noël.
> En juin, la classe va visiter des expositions du British Museum, par exemple les momies égyptiennes*. Ça va être passionnant car l'histoire m'intéresse.
>
> *Egyptian mummies

1 a How well has the writer, Elena, addressed the four bullet points? Fill in the table in English.

	fact(s)	example	opinion	reason
• journée préférée	Tuesday	–	cool	no science
• avantages				
• inconvénients				
• avant, à l'école primaire				
• prochaine sortie scolaire				

b Is there anything in the answer that is not relevant to the question? ....

2 Read the text again. How did Elena link her ideas? Write the words she has used to …

a give the reason she likes Tuesdays best. .... *car*

b introduce the example about her school being well-equipped. ....

c explain why students can use tablets. ....

d create a contrast with the negative points about her school. ....

e give her opinion about not having a swimming pool. ....

f give the reason for that opinion. ....

g explain the consequence of the school not having a choir. ....

h give an exception for when she sings. ....

Unit 6 Choosing and linking your ideas

Skills boost

1. How do I decide what I need to say?

First make sure your ideas are relevant and address the bullet points. No repetition, no off-topic rambling! Also, select ideas which allow you to use the language you know. There's no point in trying to say things if you don't have the vocabulary to say them. Stick to what you know.

1 Read a student's answer to this question: *Quelle est votre opinion sur les horaires au collège?*

> La journée scolaire est trop longue. Elle commence trop tôt et finit trop tard.
>
> On a une heure pour déjeuner. Ce n'est pas assez long et j'aimerais avoir plus de temps pour le déjeuner.
>
> J'aime bien les récrés mais on a juste 15 minutes et c'est trop court pour bavarder avec mes amies!
>
> Mon collège est trop grand et il y a trop d'élèves. Par contre les profs sont sympa.
>
> Les cours durent une heure, c'est bien mais le soir, les devoirs sont trop difficiles.

a At this school, how long do they have for the following?

Lunchtime .... Breaktime .... A lesson ....

b Underline (A) phrases that you think are repetitive and not very useful.

c Circle (A) the information you think is not relevant at all to the question.

2 Here are another student's notes, ready for answering the same question. Tick ✓ the information that is relevant and put a cross ✗ if it's not relevant.

- **a** starts too early in the morning ☐
- **b** 40 min lessons – too short ☐
- **c** uniform is ugly and not comfortable ☐
- **d** lunchtime: 45 mins – too short, would like to do drama and can't ☐
- **e** maths lessons are long and really boring and science too difficult ☐

3 Write an answer using the items you ticked in **2** (about 40 words).

....
....
....
....

4 Now write your own answer to the question. Remember, don't try and say things you don't have the vocabulary for! (Write about 50 words.)

....
....
....
....

Unit 6 Choosing and linking your ideas 43

Skills boost

2. How do I organise my answer?

Your ideas need to be well chosen but also clearly and sensibly organised. You need to:
- organise your answer in paragraphs corresponding to each bullet point (one idea per paragraph)
- keep all the ideas addressing the same point together.

1 Read the response to this two-part question. It contains good sentences, but they are not very well organised.

- Quels sports faites-vous au collège?
- Que faites-vous pour éviter le stress au collège?

> [1] Au collège, on fait deux heures d'EPS par semaine. [2] J'aime faire du sport pour combattre le stress. [3] Aussi, pour éviter le stress, je mange et je bois sainement et je me couche tôt. [4] En EPS, on fait des sports d'équipe, par exemple du basket. [5] Par contre, je n'aime pas les cours de natation. [6] Mon cours préféré, c'est le cours de gymnastique. [7] En plus, le sport, ça relaxe parce qu'on se déconnecte des écrans!

a Sort out the sentences in the answer above: which part of the question do they relate to? Write the numbers in the boxes.

- Quels sports faites-vous au collège?
- Que faites-vous pour éviter le stress au collège?

b Now organise the sentences into a logical order. Write the numbers in the boxes.

2 Read the two-part question below and the student notes on the left and right.

a Organise the notes: draw lines to link them to the right question.

- labos modernes
- trop d'élèves
- trop grand
- très grande cour
- pas sympa

- Comment votre collège est-il aménagé?
- Aimez-vous l'ambiance du collège?

- profs trop sévères avec nous
- salles de classe agréables
- gymnase bien équipé
- règlement pas raisonnable

b On paper, use the notes above to write the answer to the two-part question (about 60 words).

3 Choose the two-part question in either **1** or **2**. Write your own answers on paper.

> **Remember!**
> - Separate your ideas into clear paragraphs.
> - FEOR: **F**act, **E**xample, **O**pinion, **R**eason (not necessarily in that order).
> - Order your ideas logically within each paragraph.
> - Only use vocabulary you feel confident with.

44 Unit 6 Choosing and linking your ideas

Skills boost

3 How do I link my ideas logically?

Aim for extended sentences that link your ideas, but do it logically using the right connectives.

1 Read the following response to these questions:
- De quoi êtes-vous fier/fière au collège?
- Qu'allez-vous faire l'année prochaine?

Fill the gaps with the missing connectives, to match the English cues. The hints in the yellow box (at the bottom of the page) will help.

Je suis fière de moi au collège [1 because] .... je suis très active avec mon club de théâtre. [2 Indeed] .... j'ai organisé un spectacle [3 and] .... nous avons récolté de l'argent pour des associations caritatives. [4 for instance] .... nous avons donné £100 à Oxfam. [5 On top of that] ...., le spectacle a eu beaucoup de succès! [6 On the other hand] .... c'était beaucoup de travail [7 so] .... le directeur a dit: 'Attention, le travail scolaire d'abord!'

L'année prochaine, [8 if] .... c'est possible, je vais organiser un concert. Mes amis sont d'accord [9 except] .... si on a trop de devoirs [10 but] .... je pense qu'on va avoir le temps.

2 Choose appropriate connectives from the yellow box to fill the gaps in this answer to the questions in **1**.

Je suis fier de moi .... je suis membre de l'équipe de foot. ...., l'équipe a gagné beaucoup de matchs! ...., j'ai marqué 12 buts* et .... mon équipe a gagné le championnat régional! ...., j'ai eu beaucoup d'entraînement** .... je n'ai pas toujours fait mes devoirs!

L'année prochaine, je voudrais être membre du conseil d'administration. Mes parents sont d'accord .... je n'ai pas trop de travail scolaire!

* goals   ** training

Useful connectives

to add a fact:	et, en plus	to give an alternative:	ou
to give an example:	par exemple	to create a contrast:	mais, par contre
to explain:	parce que, car, en effet	to add a consequence:	donc, alors
to say 'if':	si	to say 'except':	sauf

3 Now it's your turn to write your own answer to the questions, on paper, using connectives to link your sentences (60–70 words).

Unit 6 Choosing and linking your ideas   45

Sample response

Get back on track

Here is a sample answer to the exam-style question on page 41. Has the student followed all the advice about how to choose and link her ideas?

Exam-style question

Vous parlez de votre vie scolaire sur votre blog.

Décrivez:
- votre journée préférée au collège
- les avantages et les inconvénients de votre collège
- ce que vous préfériez avant, à l'école primaire
- une prochaine sortie scolaire.

Écrivez environ **90** mots en **français**. Répondez à chaque aspect de la question. **(16 marks)**

Ma journée préférée, c'est le jeudi ou le vendredi parce que j'ai géo.
Mon collège est très moderne. Par exemple, il y a une belle piscine et un gymnase. Par contre, le règlement est trop strict. En effet, les bijoux sont interdits, sauf les montres*. En plus, il est interdit d'avoir un portable. Je trouve ça ridicule.
Avant, j'aimais bien la cantine. Maintenant, les repas ne sont pas bons alors je mange mal.
Bientôt, on va aller aux États-Unis. Si on va à New York, ça va être fantastique car je n'y suis jamais allée.

* watches

1 a Tick ✓ the boxes if the student has:

- used paragraphs ☐
- kept all ideas addressing the same point together ☐
- followed FEOR when possible (fact, example, opinion, reason) ☐

b Complete ✏ the last column of the table with examples from the answer above.

all points made are relevant to the bullets	• journée préférée	*le jeudi*
	• avantages/inconvénients	
	• avant, à l'école primaire	
	• sortie scolaire	
link ideas logically with connectives to …	add a fact	*En plus*
	give an alternative	
	give an example	
	create a contrast	
	explain	
	add a consequence	
	say 'if'	
	say 'except'	

Unit 6 Choosing and linking your ideas

Get back on track

Your turn!

You are now going to plan and write your own response to the exam-style question on page 41.

Exam-style question

Vous parlez de votre vie scolaire sur votre blog.

Décrivez :
- votre journée préférée au collège
- les avantages et les inconvénients de votre collège
- ce que vous préfériez avant, à l'école primaire
- une prochaine sortie scolaire.

Écrivez environ **90** mots en **français**. Répondez à chaque aspect de la question. **(16 marks)**

1 First jot down your ideas for each bullet of the exam-style question using the following questions to help you.

- What is your favourite day of the week? Why? ....

- What are the good points about your school? Why? ....

    What are the bad points about your school? Why? ....

- What did you like better, in primary school? Why? ....

- Where will you go on your next class outing? ....

    What do you think about that outing? Why? ....

2 Answer the question. Then check your work with the checklist.

Checklist	✓
In my answer do I …	
only make points relevant to the bullet points?	
use a paragraph for each bullet point?	
organise my answer, keeping all points that deal with the same point together?	
use FEOR (Fact, Example, Opinion, Reason)?	
link my ideas logically using connectives?	
use vocabulary I feel confident using?	

Unit 6 Choosing and linking your ideas 47

Get back on track

Review your skills

Check up

Review your response to the exam-style question on page 47. Tick ✓ the column to show how well you think you have done each of the following.

	Not quite ✓	Nearly there ✓	Got it! ✓
decided what I need to say	☐	☐	☐
organised my answer	☐	☐	☐
linked my ideas logically	☐	☐	☐

Need more practice?

On paper, plan and write ✎ your response to the exam-style question below.

Exam-style question

Vous parlez d'une sortie scolaire sur votre blog.

Décrivez:
- où vous êtes allé(e) en sortie
- votre opinion sur cette sortie
- la prochaine sortie
- les avantages et inconvénients des sorties scolaires.

Écrivez environ **90** mots en **français**. Répondez à chaque aspect de la question. **(16 marks)**

To write a good answer, try to include:
- relevant information with some extra details
- a variety of structures and tenses
- extended sentences well linked together
- original ideas
- a personal opinion.

How confident do you feel about each of these **skills**? Colour ✎ in the bars.

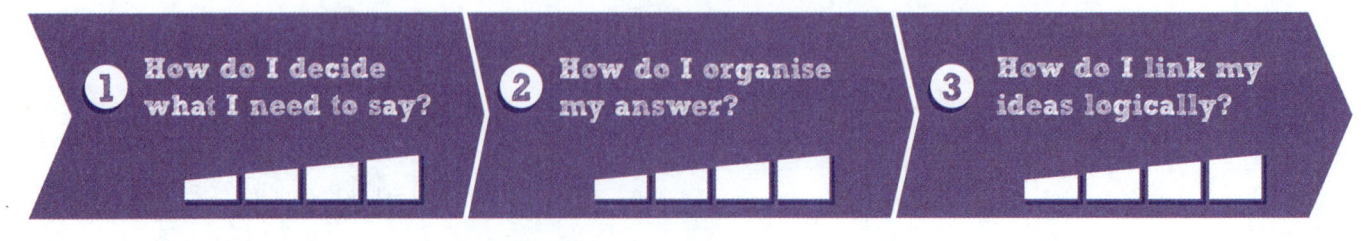

1. How do I decide what I need to say?
2. How do I organise my answer?
3. How do I link my ideas logically?

48   Unit 6 Choosing and linking your ideas

Get started

7 Expressing opinions

This unit will help you to express opinions. The skills you will build are to:
- make your opinions relevant to the topic
- vary the ways you express opinions
- add detail to your opinions.

In the exam, you will be asked to tackle a writing task such as the one below. This unit will prepare you to plan and write your own response, paying particular attention to opinions. As part of this task, you have to give opinions.

Exam-style question

Vous parlez de vos projets d'avenir sur les réseaux sociaux.

Décrivez:
- le travail que vous aimeriez faire plus tard
- vos qualités pour ce travail
- le stage en entreprise que vous avez fait
- vos projets après le collège.

Écrivez environ **90** mots en **français**. Répondez à chaque aspect de la question. **(16 marks)**

The three key questions in the **skills boosts** will help you to improve how you express your opinions.

1. How do I make my opinions relevant to the topic?
2. How do I vary the ways I express opinions?
3. How do I add detail to my opinions?

Look at the sample student answer on the next page.

Unit 7 Expressing opinions 49

Get started

1 Look at one student's answer to this exam-style question. Has she covered all the bullets in the question? Tick ✓ each bullet that is answered and underline Ⓐ the relevant words and phrases in the answer.

Exam-style question

Vous parlez de vos projets d'avenir sur les réseaux sociaux.

Décrivez:
- le travail que vous aimeriez faire plus tard
- vos qualités pour ce travail
- le stage en entreprise que vous avez fait
- vos projets après le collège.

Écrivez environ **90** mots en **français**. Répondez à chaque aspect de la question. **(16 marks)**

Je voudrais devenir jardinière parce que je m'intéresse à la nature. J'aime travailler en plein air et je pense que je suis bien organisée.

L'année dernière, j'ai fait un stage dans une ferme. J'avais quatre collègues et à mon avis, ils étaient sympa. Je suis montée sur un tracteur. C'était marrant! Par contre, je sais maintenant que je ne veux jamais travailler avec les animaux. Je trouve ça pénible et dégoûtant.

Après le collège, si je peux, je vais commencer un apprentissage chez un jardinier. Je crois que ça va être passionnant.

---

2 Now focus on the writer's opinions. Note down ✎ the French phrases that are used to give opinions on the following.

a why she'd make a good gardener: *je m'intéresse à la nature,* ....

b her colleagues on the farm: ....

c riding a tractor: ....

d working with animals: ....

e starting an apprenticeship: ....

50 Unit 7 Expressing opinions

Skills boost

1 How do I make my opinions relevant to the topic?

Look at these sentences about holiday jobs:

Positive opinions	Negative opinions
Je fais du baby-sitting. **C'est super.**	Je lave la voiture. **C'est nul.**

C'est super and *C'est nul* are opinions that could apply to almost any topic. To make your writing more interesting, find **more precise adjectives** to express your opinions.

1 In the following list, circle (A) all the adjectives and phrases that have a **positive** meaning.

(amusant)   barbant   bien   une bonne expérience   dégoûtant   difficile   ennuyeux
excellent   facile   fatigant   génial   horrible   intéressant   marrant
une mauvaise expérience   monotone   original   passionnant   pénible   sympa   utile

2 Add opinions about these holiday jobs, with one or two adjectives or phrases. Use as many different opinion phrases as you can.

a Quand je fais du baby-sitting, les enfants dorment bien.

À mon avis, *ce n'est pas fatigant, mais c'est ennuyeux.*

b Il pleut souvent quand je tonds la pelouse.

À mon avis, ...

c Je promène le chien deux fois par jour.

À mon avis, ...

d Je passe l'aspirateur mais la maison est grande.

À mon avis, ...

e Je prends mon skate pour livrer les journaux.

À mon avis, ...

f Je lave la voiture mais l'eau est froide.

À mon avis, ...

g J'aide dans le magasin de mes parents et je vois beaucoup de monde.

À mon avis, ...

h Je fais les courses pour ma voisine. J'habite à côté du supermarché.

À mon avis, ...

> When you learn vocabulary for opinions, note the whole phrase, e.g. *le baby-sitting, ce n'est pas fatigant*. That will help you find adjectives to fit the topic you're writing about.

> Use *à mon avis* (to my mind / in my opinion) to turn a statement into a personal viewpoint.

3 Some adjectives are too familiar to use in a formal text, such as a job application. In each of these pairs, note which is formal (F) and which is informal (I).

a barbant ☐   ennuyeux ☐   c super ☐   excellent ☐

b amusant ☐   marrant ☐

Unit 7 Expressing opinions   **51**

Skills boost

2. How do I vary the ways I express opinions?

Vary the ways you give opinions by:
- using varied verbs, not just *j'aime* and *je n'aime pas*
- commenting on events in the past and the future too.

1 Read these messages about career choices.

a Underline (A) the phrases that introduce a positive opinion and circle (A) the ones that introduce a negative opinion.

> J'aime le contact avec les gens. Je pense que c'est varié. Le secteur qui m'intéresse, c'est l'hôtellerie.

> Je suis fan de voyages! Je n'aime pas les trains mais j'ai une passion pour les avions. Je voudrais devenir pilote.

> J'aime bien les enfants. Je préfère travailler avec les très jeunes, par exemple dans une crèche.

> Je suis sociable et j'apprécie le travail en équipe. C'est mieux que de travailler seul. J'aimerais travailler comme maçon sur un chantier de construction.

> Ma passion, c'est les ordis et mon activité préférée, c'est surfer sur Internet. Je trouve ça génial. J'aimerais devenir concepteur web.

> J'ai horreur du travail de bureau! Je trouve ça ennuyeux. Je crois que c'est monotone et je voudrais travailler en plein air.

To give your opinion about something you've done in the **past**, use *C'était* and an adjective.
*J'ai fait mon stage dans un garage. **C'était** assez intéressant.*

To state an opinion about something in the **future**, use *Ça va être* and an adjective.
*Cet été, je vais avoir un petit boulot au zoo. **Ça va être** amusant!*

---

b Find and copy ✎ three expressions that can be used to introduce **both** types of opinion.

....

....

2 On paper, write ✎ a short text about your aspirations and your past work experience.
- Explain what your **interests** are, using **three** different phrases from **1**.
- Say **one** thing you liked about work experience.
- Say **one** thing about what your next holiday job will be like.

Altogether, try to use **five** different ways of expressing opinions.

Example: Le secteur qui m'intéresse, c'est la mode. J'ai une passion pour les vêtements et j'aime bien aussi le commerce. J'ai fait mon stage dans une boutique de chaussures. C'était une bonne expérience. Cet été, je vais vendre des tee-shirts à la plage avec mes parents. Je pense que ça va être marrant!

52   Unit 7 Expressing opinions

Skills boost

3. How do I add detail to my opinions?

Add detail to your opinions by:
- using qualifiers and adverbs
- giving more information with *parce que*, *car* or *donc* …

1 Read this message about work experience placements. Circle **eight** more qualifiers and adverbs that are used to add detail to the opinions.

> J'ai (bien) aimé mon stage en salle de sport. C'était assez intéressant et pas trop difficile. Le directeur était plutôt gentil. J'ai vu les sportifs à l'entraînement et j'ai trouvé ça vraiment génial. C'est plus impressionnant en vrai qu'à la télé! Malheureusement, j'ai aussi passé l'aspirateur dans le gymnase. C'était un peu pénible parce que je n'aime pas beaucoup faire le ménage.

Qualifiers and adverbs to reinforce your opinions:	
assez	quite, rather
beaucoup	a lot
malheureusement	unfortunately
moins	less
plus	more
très	very
trop	too
un peu	a bit, a little
vraiment	really

2 Add appropriate qualifiers and adverbs to fill the gaps in this message.

> J'ai fait mon stage dans mon école primaire et j'ai _____ aimé ma semaine. C'était une bonne expérience mais c'était aussi un _____ fatigant. Travailler dans une classe, c'est _____ difficile que dans un magasin mais c'est _____ intéressant. J'ai aidé les enfants à lire et j'ai _____ aimé ça. La directrice était gentille avec moi, j'ai trouvé ça _____ sympa. _____, ranger la salle de classe le soir, c'était _____ pénible et donc je ne veux pas refaire l'expérience!

3 You can introduce more detail with:
- *parce que* … or *car* … to give an explanation
- *donc* … to introduce an opinion.

Draw lines to match up the sentence halves in a way that makes sense.

A	J'ai bien aimé mon stage …	a	donc j'ai adoré le stage chez Web & Co.
B	Ma passion, c'est l'informatique, …	b	car mon collègue n'était pas très sociable.
C	Le stage, j'ai trouvé ça intéressant mais monotone …	c	donc faire un stage à la gare, c'était super pour moi.
D	J'aime le contact avec les gens …	d	parce que le directeur était sympa.
E	Mon stage, c'était nul …	e	donc mon travail préféré, c'était répondre au téléphone.
F	Je suis fan de trains, …	f	parce que je n'ai rien appris.

Unit 7 Expressing opinions

Get back on track

Sample response

To express your opinions clearly, you need to:
- make your opinions relevant to the topic by using precise adjectives as well as more general ones
- use varied phrases, not just *j'aime / je n'aime pas*, and use *c'était* to comment on something in the past
- add detail to your opinions, using qualifiers, adverbs and comments introduced by *parce que*, *car* or *donc*.

Now look at this response to the task about future aspirations on page 49.

> Je voudrais devenir vétérinaire parce que ma passion, c'est les animaux. À mon avis, j'ai les qualités nécessaires car je suis très travailleur et assez ambitieux.
>
> J'ai fait mon stage dans un refuge animalier. C'était passionnant et j'ai trouvé ça vraiment utile. Par exemple, j'ai aidé à nourrir les chiens malades. J'ai beaucoup appris et c'était donc une excellente expérience.
>
> Après le collège, je vais continuer mes études et aller à l'université. Je pense que ça va être difficile car les études sont longues. Je n'aime pas beaucoup les examens mais je suis très motivé.

1 How does the writer give his opinions? Fill ✎ the grid with examples.

precise adjectives/phrases	passionnant
À mon avis, …	
varied verbs	
opinions about something in the past	
opinions about something in the future	
qualifiers / adverbs	
parce que / car to introduce an explanation	
donc to introduce an opinion	

54   Unit 7 Expressing opinions

Your turn!

Get back on track

You are now going to plan and write your response to the exam-style question on page 49.

> **Exam-style question**
>
> Vous parlez de vos projets d'avenir sur les réseaux sociaux.
>
> Décrivez:
> - le travail que vous aimeriez faire plus tard
> - vos qualités pour ce travail
> - le stage en entreprise que vous avez fait
> - vos projets après le collège.
>
> Écrivez environ **90** mots en **français**. Répondez à chaque aspect de la question. **(16 marks)**

1 First, jot down your ideas.

Your career plans: ....

The qualities you have for that job: ....

Your work experience placement: ....

Your plans post-16: ....

2 Answer the question, staying within the word count. Then check your work with the checklist.

Checklist	✓
In my answer do I ...	
answer all the bullet points?	
use precise adjectives and phrases, not just *super* or *nul*?	
use varied verbs, not just *j'aime* or *je n'aime pas*?	
give opinions about events in the past?	
give an opinion about an event in the future?	
reinforce opinions with qualifiers and adverbs?	
add further detail with *parce que / car* or *donc*?	

Unit 7 Expressing opinions

Get back on track

Review your skills

Check up

Review your response to the exam-style question on page 55. Tick ✓ the column to show how well you think you have done each of the following.

	Not quite ✓	Nearly there ✓	Got it! ✓
made your opinions relevant to the topic	☐	☐	☐
varied the ways you express opinions	☐	☐	☐
added detail to your opinions	☐	☐	☐

Need more practice?

On paper, plan and write ✏️ your response to the exam-style task below.

Exam-style question

Sur les réseaux sociaux, vous parlez du travail dans votre vie.

Décrivez:
- votre premier travail payé
- votre prochain petit boulot
- votre métier plus tard
- les qualités nécessaires pour ce métier.

Écrivez environ **90** mots en **français**. Répondez à chaque aspect de la question. **(16 marks)**

> To write a good answer, try to include:
> - a variety of vocabulary and structures
> - a variety of tenses
> - ideas and opinions in different situations.
>
> Also,
> - use appropriate style and register
> - check your text for accuracy (see Unit 2)

How confident do you feel about each of these **skills**? Colour ✏️ in the bars.

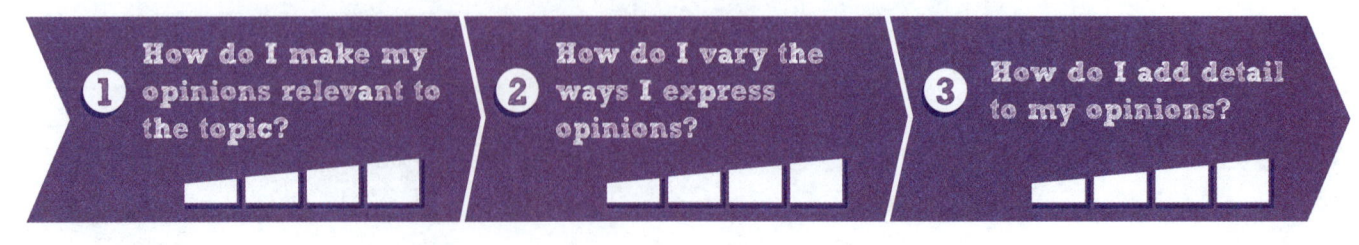

1. How do I make my opinions relevant to the topic?
2. How do I vary the ways I express opinions?
3. How do I add detail to my opinions?

56 Unit 7 Expressing opinions

Get started

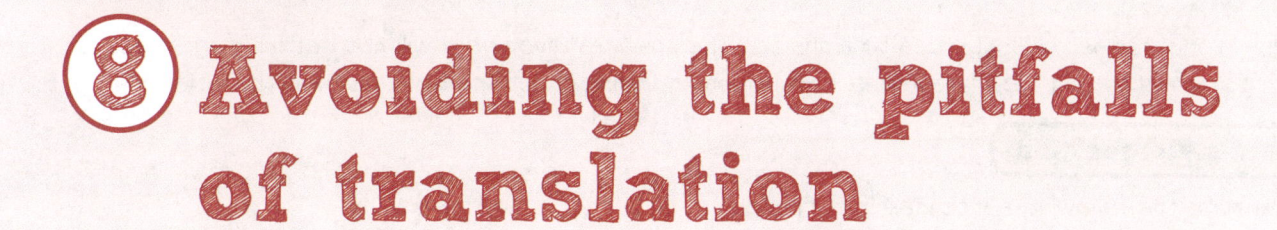

8 Avoiding the pitfalls of translation

This unit will help you to be successful at translating from English into French, by avoiding the main pitfalls. The skills you will build are to:
- avoid translating word for word
- avoid making errors with cognates and 'false friends'
- make sure your translation is accurate.

In the exam, you will be asked to translate sentences from English into French, such as the ones below. This unit will prepare you to look out for potential pitfalls and translate correctly into French. In this example, a student has translated the English into French correctly.

> **Exam-style question**
>
> Translate the following sentences into **French**.
> (a) My school is big.
>   *Mon école est grande.*
> (b) I have a shower in the morning.
>   *Je prends une douche le matin.*
> (c) There is a lot of rubbish in the street.
>   *Il y a beaucoup de déchets dans la rue.*
> (d) I don't buy magazines or newspapers.
>   *Je n'achète pas de magazines ou de journaux.*
> (e) I came to school by car with my mother.
>   *Je suis venu au collège en voiture avec ma mère.*
>
> (10 marks)

The three key questions in the **skills boosts** will help you translate sentences from English to French.

1. How do I avoid translating word for word?
2. How do I avoid making errors with cognates and 'false friends'?
3. How do I make sure my translation is accurate?

Look at the student answer to another exam-style question on the next page.

Unit 8 Avoiding the pitfalls of translation   57

Get started

Here is another set of sentences to translate. The answers given here will not get full marks because there are mistakes in the translations. Read them and think about the hints given at the side.

Exam-style question

Translate the following sentences into **French**.

(a) My house is very old.
    Ma maison est très *vieux*.

Agreement of adjective!

(b) I visit my grandparents on Sundays.
    Je *visite* mes grandparents *sur* les dimanches.

Check the French for 'visit' and for 'grandparents'. No word needed for 'on' before names of days.

(c) There are lots of activities for children in my town.
    Là sont beaucoup activités pour les enfants dans ma ville.

Avoid word-for-word translation for 'There are'. Preposition missing after beaucoup.

(d) I don't have a bath every day.
    Je n'ai un bain tous les jours

Learn set phrases like prendre un bain. A negative has two parts and is followed by de.

(e) I worked with animals in a refuge.
    Je *travaille* avec animaux dans un refuge.

Check verb tenses and choose the correct article.

1 Use the translations on page 57 to help you correct the answers above. Write ✏️ the correct translations here.

a ....

b ....

c ....

d ....

e ....

58   Unit 8 Avoiding the pitfalls of translation

Skills boost

1 How do I avoid translating word for word?

When translating from English to French, remember that words, phrases and structures don't always match one another neatly. Words are not necessarily in the same order.

1 These sentences contain words and phrases which you cannot translate literally. Choose a phrase to complete the sentence. Think about why that's the right option.

a Today, it is hot and it's sunny.   Aujourd'hui, ... et il y a du soleil.
   - i c'est chaud
   - ii il fait chaud
   - iii il est chaud

b I have breakfast and I get ready.   Je .... le petit déjeuner et je me prépare.
   - i ai
   - ii prends
   - iii mange

c My brother is 18 and he does volunteering.   Mon frère .... et il fait du bénévolat.
   - i est 18 ans
   - ii a 18
   - iii a 18 ans

d I am tired and I am hungry.   Je suis fatigué et .... faim.
   - i je
   - ii je suis
   - iii j'ai

e There are lots of people.   .... beaucoup de gens.
   - i Il y a
   - ii Ils sont
   - iii C'est

2 Write the French words in the correct order to translate the English sentences. Remember, word order is different in French, especially for adjectives and negatives.

a I think that racism is a big problem. ....
   un / pense / Je / le / que / est / problème / racisme / gros

b There is a fantastic atmosphere at the festival. ....
   au / y / ambiance / Il / a / fantastique / une / festival

c I buy green products when I can. ....
   quand / des / J' / je / achète / verts / produits / peux

d I never take baths, I prefer showers. ....
   Je / jamais / prends / les / bains / ne / préfère / douches / je / de

e I haven't bought anything in the shop. ....
   acheté / le / Je / ai / dans / n' / magasin / rien

f I won't be drinking sodas any more. ....
   de / ne / Je / boire / vais / sodas / plus

BAGS adjectives go before the noun:
Beauty   beau, joli
Age   vieux, jeune, nouveau
Good and bad   bon, mauvais
Size   petit, grand, gros

Negatives
ne + verb + *pas/jamais/plus/rien*
ne + *se* + reflexive verb + *pas/jamais/plus*
With perfect tense verbs:
ne + *être/avoir* *pas/jamais/plus/rien* + past participle
ne + *se* + *être* + *pas/jamais/plus* + past participle

Unit 8 Avoiding the pitfalls of translation

Skills boost

2) How do I avoid making errors with cognates and 'false friends'?

Many words are similar in French and English. However, some are 'false friends' and **don't** mean the same thing, so you need to be careful. When you come across a 'false friend', highlight it in your vocab book.

1) Some words change slightly between English and French. Study the table and fill in the missing words to make the French sentence match the English.

Difference between English and French	English example sentence	French translation
-ary changes to -aire	It's their wedding anniversary.	C'est leur .... de mariage.
-ist changes to -iste and -ism to -isme	He is a journalist and works in tourism.	Il est .... et travaille dans le ....
-ical changes to -ique	A typical school day starts at 8.30.	Une journée scolaire .... commence à 8h30.
-ly changes to -ment	Normally, I eat in the canteen.	...................................., je mange à la cantine.

Same endings in English and French: -al -ance -ble -ct -ent -ence -tion
Examples: *canal, ambulance, horrible, direct, monument, existence, tradition*

2) These pairs of sentences contain some 'false friends'. Circle Ⓐ the correct option.

a I have no money. Je n'ai pas **de monnaie** / **d'argent**.
   I have no change. Je n'ai pas **de monnaie** / **d'argent**.

b It is a long journey. C'est **un long trajet** / **une longue journée**.
   It is a long day. C'est **un long trajet** / **une longue journée**.

c There is no library in town. Il n'y a pas de **bibliothèque** / **librairie** en ville.
   There is no bookshop in town. Il n'y a pas de **bibliothèque** / **librairie** en ville.

d I'll sit my exam in May. Je vais **passer** / **réussir** mon examen en mai.
   I'll pass my exam in May. Je vais **passer** / **réussir** mon examen en mai.

e I go to school by coach. Je vais à l'école en **car** / **voiture**.
   I go to school by car. Je vais à l'école en **car** / **voiture**.

f I rest at the hotel during the day. Je **me repose** / Je **reste** à l'hôtel pendant la journée.
   I stay in the hotel during the day. Je **me repose** / Je **reste** à l'hôtel pendant la journée.

3) Circle Ⓐ the correct option in each translation.

a I don't **travel** a lot. Je ne **travaille** / **voyage** pas beaucoup.
b It's very **annoying**. C'est très **énervant** / **ennuyeux**.
c We **visit** my cousins on Sundays. Nous **visitons** / **allons voir** mes cousins le dimanche.
d I play football three **times** a week. Je joue au foot trois **temps** / **fois** / **heures** par semaine.
e There are six **rooms** in my house. Il y a six **chambres** / **pièces** dans ma maison.

60 Unit 8 Avoiding the pitfalls of translation

Skills boost

3 How do I make sure my translation is accurate?

When translating, you must avoid mistakes which prevent your sentences from being clear. So beware of little words as they can be tricky!
- Determiners 'a', 'the' and 'some' might not be used in English but are necessary in French.
- Prepositions: they can be used differently in English and French.

1 Read these French translations and circle the **determiners** which don't appear in the English sentences.

a I love music. — J'adore (la) musique.
b Children like sweets. — Les enfants aiment les bonbons!
c He rarely plays music. — Il joue rarement de la musique.
d I don't eat sweets. — Je ne mange pas de bonbons.

2 Fill the gaps to complete these translations, choosing determiners from the box.

| au   à   des   du   de la |

a He plays tennis and football. — Il joue .... tennis et .... football.
b I play the guitar and the piano. — Je joue .... guitare et .... piano.
c We played video games. — On a joué .... jeux vidéo.

3 Prepositions are not always translated the same way. Sometimes you don't use one at all in French, when there is one in English. Choose à, en or sur (or leave a blank) to complete the following sentences.

a My computer is **on** my desk. — Mon ordinateur est .... mon bureau.
b The festival starts **on** the 10th of May. — Le festival commence .... le 10 mai.
c **On** Mondays, I have maths. — .... le lundi, j'ai maths.
d **On** Monday, I'll go to town. — .... lundi, je vais aller en ville.
e I watch a film **on** television. — Je regarde un film .... la télé.
f **In** the morning, he went to the market. — .... le matin, il est allé au marché.
g I go **to** France every year. — Je vais .... France chaque année.
h I'm going **to** Paris this year. — Je vais aller .... Paris cette année.

4 Choose the preposition à or de, or no preposition, to complete these sentences.

a My sister is learning **to** dance. — Ma sœur apprend .... danser.
b He has tried **to** speak Hindi. — Il a essayé .... parler Hindi.
c I want **to** be a dentist. — Je veux .... être dentiste.
d I listen **to** the radio. — J'écoute .... la radio.

Unit 8 Avoiding the pitfalls of translation   61

Sample response

Get back on track

Look at this exam-style question and the sample answer in the exercise below.

Exam-style question

Translate the following sentences into **French**.

(a) The lesson is boring.
(b) I don't like classical music.
(c) I play in a band and I sing on stage.
(d) There is a football match on television tonight.
(e) I started playing the violin but I prefer the drums.

(10 marks)

1 These translations contain mistakes, highlighted in yellow. Make corrections ✎ using the checklist to help you.

(a) La *lesson* est *ennuyeux*.

(b) J'aime pas   musique *classic*.

(c) Je joue dans une *bande* et je chante *en stage*.

(d) *C'est* un *football match* sur la télévision *cette nuit*.

(e) *Je commencé*   jouer   violon mais je préfère *les batteries*.

a ....

b ....

c ....

d ....

e ....

Checklist	✓
In my answer do I …	
avoid translating words literally?	
use French equivalents for set phrases?	
remember the position of adjectives?	
remember word order in negative sentences?	
make use of word endings on near-cognates (-ical → -ique, etc.)?	
avoid 'false friends'?	
remember to add determiners when needed?	
think about prepositions (à, de, en, etc.)?	
make sure I use correct verb tenses?	
make the verb agree with the subject?	
make adjectives agree with nouns?	
check general spelling and accents (à/a)?	

Some words that are plural in English are singular in French, and vice versa.
trousers = *un pantalon*
drums = *la batterie*
rubbish = *les déchets*

62 Unit 8 Avoiding the pitfalls of translation

Your turn!

Get back on track

You are now going to write your own response to this exam-style question.

Exam-style question

Translate the following sentences into **French**.

(a) My shoes are comfortable.

(b) I don't eat fruit in the morning.

(c) I like going on holiday to Nice in France.

(d) There are interesting books in the library.

(e) I bought a mobile with my pocket money but it doesn't work. **(10 marks)**

(a) Which word for 'my'? Spelling of the adjective?

(b) Two-part negative. French for 'fruit' here is plural. How do you say 'in' + a part of the day?

(c) Which prepositions to choose?

(d) Avoid word-for-word translation of 'there are'! 'Library' – false friend.

(e) Which verb tenses? 'Money' – false friend. Choose correct meaning of 'work'.

1 Answer the question 🖉. Use the hints to help you. Then check your work with the checklist.

a ....

b ....

c ....

d ....

....

e ....

....

A good answer needs to:
- show that the English sentence has been understood
- make sense in French
- use accurate vocabulary – if you don't know a word, find another that means the same.

Checklist	✓		✓
In my answer do I …		make use of word endings on cognates?	
avoid translating words too literally?		add determiners when needed?	
avoid mistakes caused by 'false friends'?		use the correct prepositions?	
use correct word order with adjectives?		use correct tense and verb endings?	
use correct word order in negative sentences?		make adjectives agree with the nouns?	

Unit 8 Avoiding the pitfalls of translation

Review your skills

Get back on track

Check up

Review your response to the exam-style question on page 63. Tick ✓ the column to show how well you think you have done each of the following.

	Not quite ✓	Nearly there ✓	Got it! ✓
avoided translating word for word	☐	☐	☐
avoided making errors with cognates and 'false friends'	☐	☐	☐
made sure my translation is accurate	☐	☐	☐

Need more practice?

On paper, write ✎ your responses to the exam-style questions below.

Exam-style question

Translate the following sentences into **French**.
(a) My homework is difficult.
(b) I like fish but I don't like meat.
(c) There is a museum near my house.
(d) I don't have a computer in my bedroom.
(e) I rested at the hotel swimming pool yesterday. (10 marks)

Exam-style question

Translate the following sentences into **French**.
(a) My brother is annoying.
(b) Normally, we travel by plane or by train.
(c) There are many accidents on this road.
(d) We don't have a dog but we have two black cats.
(e) I went to the shopping centre and I bought a new shirt. (10 marks)

How confident do you feel about each of these **skills**? Colour ✎ in the bars.

1. How do I avoid translating word for word?
2. How do I avoid making errors with cognates and 'false friends'?
3. How do I make sure my translation is accurate?

64 Unit 8 Avoiding the pitfalls of translation

Get started

9 Using impressive language

This unit will help you to use impressive language. The skills you will build are to:
- learn and use interesting vocabulary
- use grammar to best effect
- create opportunities to use more complex language.

In the exam, you will be asked to tackle a writing task such as the one below. This unit will prepare you to plan and write your own response to this question, using language that's not just accurate but also impressive.

> **Exam-style question**
>
> Vous écrivez un article sur le rôle des jeunes dans la protection de l'environnement pour un magazine français.
>
> Décrivez:
> - pourquoi l'environnement est en danger
> - ce que vous avez fait pour la protection de l'environnement.
>
> Écrivez environ **150** mots en **français**. Répondez aux deux aspects de la question. **(32 marks)**

The three key questions in the **skills boosts** will help you to use language to impress.

1. How do I make sure I use interesting vocabulary?
2. How do I use grammar to best effect?
3. How do I create opportunities to use more complex language?

Look at the sample student answer on the next page.

Unit 9 Using impressive language 65

Get started

Read Pawel's answer to the question on page 65 and answer the questions below.

> Ce qui me préoccupe beaucoup, c'est l'avenir de la planète. À mon avis, le plus grand problème, c'est la pollution mais aussi l'indifférence. Heureusement, en ce qui concerne la protection de l'environnement, les jeunes sont plus actifs et plus enthousiastes que les adultes!
>
> Par exemple, l'année dernière, avec mes amis du collège, nous avons ramassé les détritus* dans les rues de la ville, en particulier devant le restaurant fast-food. Depuis, le restaurant a installé des poubelles sur le trottoir**. La directrice du collège était ravie*** et nous étions très fiers de nous.
>
> J'espère bientôt aller en Bretagne pour aider à nettoyer les plages. La pollution, c'est catastrophique pour les oiseaux. En plus, si je participe à cette action, je vais apprendre de nouvelles compétences et rencontrer de jeunes Français qui s'intéressent aussi à l'écologie. Comme je voudrais étudier la géographie à la fac, je suis sûr que ça va être une expérience enrichissante pour moi.
>
> * les détritus — litter
> ** le trottoir — pavement
> *** ravi(e) — delighted, very pleased

1 Tick ✓ the four statements that are correct. Rewrite ✏ the four that are wrong.

a. Pawel is worried about Planet Earth.

b. Pawel is concerned by young people's lack of motivation.

c. Recently, Pawel helped pick litter in the grounds of his school.

d. A restaurant in his town has taken action to protect the environment.

e. The headteacher was very surprised by what the students did.

f. Pawel and his friends were proud of what they had done.

g. Pawel has met young French people with similar interests to his.

h. Later Pawel would like to go to university.

2 Find at least three phrases which show how strongly the writer feels about the environment. Write ✏ them here.

Unit 9 Using impressive language

Skills boost

1 How do I make sure I use interesting vocabulary?

Practise using varied and precise vocabulary. Do this by:
- learning words as part of a topic
- collecting synonyms
- learning phrases rather than isolated words.

1 You will remember words better if you group them by topic when noting them down. Of course, many words can be used across different topics.

a In this list of words from the text on page 66, circle the ones that relate to the environment topic.

> l'avenir   la planète   le problème   la pollution   l'indifférence   l'expérience
> actif   les détritus   la rue   le restaurant   la poubelle   la directrice   la plage
> la compétence   l'écologie   la géographie   la protection de l'environnement

b Add any other words you know on the same topic.

> recycler

2 When you note down vocabulary, try to expand your range by noting synonyms as well – words that mean the same. Read the text on page 66 again and find synonyms for these words.

le manque d'intérêt *l'indifférence*

les déchets ....

très content ....

rendre propre ....

l'environnement ....

certain ....

très motivé ....

placer ....

très content (de soi) ....

très grave ....

l'université ....

3 Learn vocabulary as part of a phrase rather than as isolated words whenever possible.

Complete the French phrases, which are from the text on page 66. Then draw lines to match them with the English.

a	l'avenir		to be interested in ecology
b	la protection		environment protection
c	la directrice		the future of the planet
d	participer		the school headteacher
e	apprendre		to learn new skills
f	s'intéresser		to take part in an action

Unit 9 Using impressive language 67

Skills boost

2 How do I use grammar to best effect?

You have done a lot of practice to get your grammar right. Now use your knowledge to impress:
- mix time frames (present, perfect and imperfect, future)
- vary the verb forms so you don't just use *je*.

Read this very plain paragraph about volunteering in the community.

> Je voudrais faire du bénévolat. J'aimerais travailler avec les enfants. C'est sympa.
> Je ne veux pas travailler avec les animaux. C'est pénible.

To use a wider range of tenses, you could say:
- what happened in the past – using the perfect for an event, the imperfect for an opinion
- what will happen in the future – using *aller* + infinitive.

1 Think of ways you could improve the paragraph. You could:

a Write a new sentence about a volunteering activity using the **perfect** tense.

....

b Add a comment about it, using the **imperfect** tense.

....

c Mention working with animals in the future, using the **near future** tense.

....

2 On paper, rewrite the paragraph on the right to make it more interesting, adding references to past and future.

> Je voudrais faire du bénévolat. J'aimerais travailler avec les SDF. C'est intéressant. Je ne veux pas travailler avec les personnes âgées. C'est difficile.

3 Look at Text A and Text B. Text B uses other verb forms, not just *je* forms.

A
> À la maison, je **n'allume** pas le chauffage. Dans les magasins, je **refuse** les sacs en plastique. Au collège, je **recycle** le papier.

B
> À la maison, **nous n'allumons** pas le chauffage. Dans les magasins, **mon père refuse** les sacs en plastique. Au collège, **les profs recyclent** le papier.

Adapt the following paragraph to use varied verb forms, like the example above.

> À la maison, je **trie** les déchets.
> Dans le jardin, je **fais** du compost.
> Le matin, je **vais** au collège à vélo.

....
....
....

Take care with verb endings when you write.

	common irregular verbs				regular -er verbs	regular -ir verbs
	être	avoir	aller	faire	trier	finir
je	suis	ai	vais	fais	trie	finis
il/elle/on	est	a	va	fait	trie	finit
nous	sommes	avons	allons	faisons	trions	finissons
ils/elles	sont	ont	vont	font	trient	finissent

68 Unit 9 Using impressive language

Skills boost

3 How do I create opportunities to use more complex language?

Go beyond description. Give opinions and justify them to show off your French at its best:
- emphasise your points
- use a technique such as FEOR (Facts, Examples, Opinions and Reasons).

1 Phrases like these help make your writing sound more convincing.

Ce qui me préoccupe, c'est + noun

Ce qui est important pour moi, c'est + noun

Le plus grand problème (environnemental), c'est + noun

À mon avis, il est important de + verb in the infinitive

Rewrite the sentences, using the phrases above. There are several possibilities.

Example: *Ce qui me préoccupe, c'est le changement climatique.*

> Superlative adjectives, such as *le plus grand*, are one way of adding emphasis. See Unit 1.

> Use emphatic pronouns in phrases like *pour moi, selon moi* ...
>
> | moi | me |
> | lui | him |
> | elle | her |
> | nous | us |
> | eux, elles | them |

a Le changement climatique est un grave problème.

....

b Je m'intéresse aux conditions de travail dans les pays pauvres.

....

c Il faut acheter des produits du commerce équitable.

....

d On doit respecter l'environnement.

....

2 a In this answer, note whether each phrase is F, E, O or R.

> Ce qui est important pour moi, c'est la musique! ☐ Je dépense tout mon argent en concerts ☐.
> Par exemple, l'année dernière, je suis allée au festival de Glastonbury ☐. À mon avis, c'est
> le meilleur festival ☐ parce qu'on danse beaucoup et on s'amuse bien ☐. L'année dernière, il y
> avait une ambiance extraordinaire ☐. Je vais donc retourner à Glastonbury cette année ☐ car
> Shakira est au programme ☐ et je pense que c'est la meilleure chanteuse ☐.

b Look at the text again. Find and write:

   i two phrases to present an opinion: ....

   ....

   ii two words or phrases to present a reason: ....

   ....

   iii one phrase to present an example: ....

Unit 9 Using impressive language

Get back on track

Sample response

To impress with your language, you need to:
- learn and use interesting vocabulary
- use grammar to best effect
- create opportunities to use more complex language.

Now look at this exam-style question, similar to the one you saw on page 65, and the answer written by one student, Érika.

Exam-style question

Vous écrivez un article sur la protection des animaux pour un magazine français.

Décrivez:
- pourquoi il est important de protéger les animaux
- ce que vous avez fait pour protéger les animaux.

Écrivez environ **150** mots en **français**. Répondez aux deux aspects de la question. (32 marks)

Il est important de protéger les animaux parce que le plus grave problème environnemental, selon moi, c'est la disparition des espèces rares. Il y a par exemple beaucoup moins d'orang-outans ou de tigres dans la nature et ils vont peut-être complètement disparaître. Ce qui me préoccupe aussi, c'est la cruauté envers les animaux, par exemple les animaux de cirque.

L'année dernière, j'ai donc décidé de travailler dans un refuge animalier. D'abord, j'ai fait un stage chez un vétérinaire et j'ai appris beaucoup de choses, par exemple brosser les chevaux. J'étais très motivée et le vétérinaire était content de moi. C'était donc une expérience vraiment enrichissante. Maintenant, je cherche un petit boulot dans un refuge.

Plus tard, je voudrais étudier la zoologie à l'université, puis j'espère trouver un emploi dans une association de protection des animaux. Je pense que si je travaille dans un refuge, je vais développer des compétences utiles dans mon futur métier.

---

(1) Circle (A) all the words related to animals in Érika's answer.

> Learn and use vocabulary related to your own interests.

(2) Find in Érika's answer examples of the following verb tenses.

   a present: *il est,* ....
   b imperfect: ....
   c perfect: ....
   d future: ....
   e conditional: ....

(3) Find and write three phrases Érika uses to emphasise what she is saying.
   il est important de ....
   ....
   ....

(4) Why does Érika think that working at the shelter will help her in future? Answer on paper in English.

70 Unit 9 Using impressive language

Get back on track

Your turn!

You are now going to plan and write your response to the exam-style question from page 65.

> **Exam-style question**
>
> Vous écrivez un article sur le rôle des jeunes dans la protection de l'environnement pour un magazine français.
>
> Décrivez:
> - pourquoi l'environnement est en danger
> - ce que vous avez fait pour la protection de l'environnement.
>
> Écrivez environ **150** mots en **français**. Répondez aux deux aspects de la question. **(32 marks)**

1. First jot down your ideas.
   - Why is the environment under threat? There are many issues, so choose something you can say in French, and not just facts but also opinions and reasons.

   ....

   ....

   ....

   - What have you done for the environment? This is where you talk about the past.

   ....

   ....

   ....

   - What about the future? This isn't mentioned in the question, but you may say something about future plans or events if you wish, in your response to the two bullet points.

   ....

   ....

   ....

2. Answer the question on paper. Then check your work with the checklist.

Checklist	✓
In my answer do I …	
answer all the bullet points?	
use varied and precise vocabulary?	
use words learned as part of a phrase?	
use several time frames (past, present, future)?	
vary the verb forms, not just using *je*?	
use appropriate phrases to emphasise my points?	
give facts, examples, opinions and reasons, using appropriate phrases and connectives?	

Unit 9 Using impressive language

Review your skills

Check up

Review your response to the exam-style question on page 71. Tick ✓ the column to show how well you think you have done each of the following.

	Not quite ✓	Nearly there ✓	Got it! ✓
used interesting vocabulary	☐	☐	☐
used grammar to best effect	☐	☐	☐
created opportunities to use more complex language	☐	☐	☐

Need more practice?

On paper, plan and write ✎ your response to the exam-style question below.

Exam-style question

Vous écrivez un article sur les jeunes et le bénévolat pour un magazine français.

Décrivez:
- pourquoi le bénévolat est important pour les jeunes
- les actions bénévoles que vous avez faites.

Écrivez environ **150** mots en **français**. Répondez aux deux aspects de la question. **(32 marks)**

To write a good answer, try to include:
- a variety of structures
- examples of complex structures
- accurate language and structures to talk about past, present and future events
- creative language use, for example to express thoughts, ideas and feelings
- language used to interest and to convince the reader.

How confident do you feel about each of these **skills**? Colour ✎ in the bars.

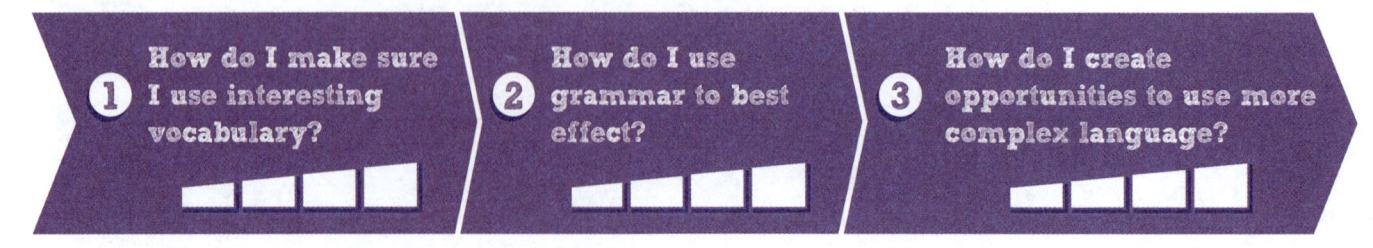

1 How do I make sure I use interesting vocabulary?

2 How do I use grammar to best effect?

3 How do I create opportunities to use more complex language?

Unit 9 Using impressive language

Answers

Unit 1

Page 2

1
- Where? à droite, dans une voiture, au milieu, gauche
- Who? deux enfants, la mère, le père
- Objects? une voiture, un tee-shirt orange, un ballon
- Weather? il fait beau
- Actions? deux enfants assis, la mère porte, ils font un pique-nique

2 B1, B2, B3, B3, B4

3
a B2, **b** NR, **c** B2, **d** B1, **e** NR, **f** B3, **g** NR, **h** B4

Page 3

1 Sur la photo, on voit quatre jeunes **dans** un parc.

À gauche, il y a un groupe de trois jeunes. Ils sont **debout**.

À côté, **à droite**, un garçon est **assis sur** un banc.

2 Sample answers

How to add interest	Examples
Where exactly?	Il est dans la cuisine / le salon / une chambre …
	Il est sur le balcon.
What about other times of the year? Days? Times?	C'est le week-end.
	C'est le printemps / l'automne / l'hiver.
	C'est le matin / l'après-midi / le soir / la nuit.
Other weather expressions?	Il y a du soleil / du vent …
	Il pleut / neige.
Other items of clothing?	un gros manteau / des chaussures de sport / une belle robe blanche / un sac-à-dos
Physical features?	grand(e) / petit(e) / mince / brun(e)
Animals? Objects? Accessories?	Il y a des arbres / un vélo / une voiture / un portable …
Other actions?	Il court / marche / nage / jette …
	Elle se promène / fait du cheval / est sur une moto …
Other feelings?	Elle sourit / Elle a l'air heureuse.
	Il a l'air malheureux / fâché / en colère.

3 Sample answer

Sur la photo, on voit quatre jeunes dans un parc.

C'est l'après-midi, peut-être en automne.

Il ne pleut pas mais il fait froid et ils portent une veste ou un sweat.

Les trois jeunes à gauche bavardent, ils sourient et ils ont l'air contents.

Page 4

1
1. et
2. C'est l'été/ils se promènent
3. mais/porte
4. Derrière

2 Sample answer

Le garçon à gauche porte un tee-shirt, des shorts et des baskets.

Le garçon à droite porte une veste, un jean et des baskets.

3 Adverbs: probablement, assez

Comparative adjective: plus petite que

Superlative adjective: Le plus grand

4 Sample answers
1. On voit quatre jeunes dans un parc et il fait peut-être froid.
2. Le garçon à gauche porte une veste noire et il est plus grand que les autres.
3. Le garçon le plus petit, à droite, a les cheveux bruns, longs et frisés.
4. Le garçon avec le sweat bleu est très souriant.

Page 5

1 Circle: grand / petit; travailleur / il préfère jouer à la Playstation; il n'est vraiment pas sportif / on joue au foot ou au rugby

Inconsistencies: Alex is described as tall and short; he is meant to be hard-working but prefers playing on the Playstation rather than do homework; he is meant to be not sporty at all but they play football and rugby together.

2 **a** Circle: meilleur, grand, joli, petit, gentil, génereux, compréhensif

Underline: blond, long, frisé, vert, beau, petit

b Ma **meilleure** amie est **grande** et très **jolie**. Elle a des cheveux **blonds**, **longs** et **frisés**. Ses yeux **verts** sont très **beaux**. Elle porte de **petites** lunettes. Lucie est très **gentille**, **généreuse** et **compréhensive**.

3 s'appelle, s'entend, prend, jouons, nous retrouvons, fait

4 Sample answer

Ma meilleure amie est intelligente et marrante mais trop bavarde! Elle est grande, assez grosse et très jolie avec des yeux verts et des cheveux blonds. Je m'entends bien avec elle. Le week-end, je passe chez elle et on discute de tout.

Page 6

1.

Which answer …	A	B	How is this done?
uses precise and varied vocabulary?		✓	cheveux blancs et frisés vieille mais vraiment dynamique, tellement moderne
avoids repetition?		✓	avec (des cheveux …) la mère de mon père/ elle/ma grand-mère
uses connectives?		✓	mais, et, car
uses adverbs?	✓	✓	très, bien tellement, vraiment
uses comparatives or superlatives?		✓	la plus cool
avoids inconsistency?	✓	✓	
writes accurately (verbs, adjectives)?	✓	✓	

2. Sample answer

Grand-mère Damia est vieille et très mince mais elle est vraiment dynamique. C'est la plus gentille grand-mère car elle est généreuse. Par contre, elle n'est pas très bavarde, mais on fait la cuisine et on rigole ensemble/nous cuisinons et rigolons ensemble.

Page 7

1. a Sample answers

Who? deux garçons, frères, copains

Where? au bord de la mer, à la plage

When? le week-end, pendant les vacances, en automne, au printemps

Weather? beau, soleil

What? prendre une photo

Action? prendre une photo, se promener

Feeling? contents, fatigués

b Sample answer

Deux copains sont au bord de la mer/à la plage.

Ils sont peut-être en vacances/en week-end.

Il fait beau mais pas chaud/Il y a du soleil mais ce n'est pas l'été/parce qu'ils ont un pull.

Ils sont contents et souriants./Ils prennent une photo.

2. a Sample answers

- où vous êtes: au centre commercial, au skatepark, au complexe sportif, etc.
- la météo: il fait beau, il pleut, etc.
- vos activités de la journée: on fait du shopping/du sport, etc.
- votre sortie préférée en ville: aller au centre commercial/aller au cinéma/faire du sport, etc.

b Sample answer

Comme il pleut beaucoup, je suis au centre commercial avec mon copain Aaron. On fait tous les magasins de jeux vidéo! On va manger un burger et après, on va voir un film. Pour moi, la sortie la plus intéressante, c'est aller au cinéma.

Page 8

Photo-based task

Sample answers

Il y a deux garçons dans une grande cuisine.

Ils préparent le repas.

Ils sont souriants et contents.

Le garçon de droite est plus grand que le garçon de gauche.

Le garçon de gauche est plus petit et il a des cheveux noirs et frisés.

Les garçons font la cuisine et ils s'amusent bien.

40-word question

Sample answer with comments

Je suis à la plage à Brighton où (1) il fait beau; par contre (1), il y a du vent (2). Je suis avec mes parents et mes sœurs, elles sont vraiment (3) excitées (4)! Nous sortons (5) en famille le week-end et pour moi, c'est l'activité la plus sympa (6).

Comments:

(1) use a connector to link your sentences
(2) add detail for interest
(3) use an adverb to make what you write more compelling
(4) make adjectives agree with nouns (here, feminine plural)
(5) use a verb in the present tense (different person, not always *je*)
(6) superlative, to be more compelling.

Unit 2

Page 10

1. a true, b false, c false, d true, e true, f true, g false, h false, i false, j true

2.

nouns	gender M/F	number S/PL	clue(s)
sport	M	S	mon préféré ends with é
club	M	S	au
ville	F	S	ma
soucis	M	PL	ends with s mes
portable	M	S	mon
réseaux	M	PL	ends with x and the adjective sociaux ends with aux
blog	M	S	un, mon
chanteuse	F	S	ma ends with euse préférée ends with ée
réactions	F	PL	ends with s intéressantes ends with es
infos	F	PL	ends with s and the adjective personnelles ends with es
playlist	F	S	une and the adjective nouvelle ends with e

Page 11

1
- **a** They end in -s.
- **b** -e for -er verbs, -t, -d, -a for *aller* and *avoir*
- **c** sommes, from verb *être*
- **d** They all end in -nt.

2 Nous sommes, Nous avons, nous allons, Nous ne jouons pas, mes copains jouent, Ils ont, ils vont, ils sont, Mes amis Louis et Alexis font, je joue, je fais, je vais

3 choisir – choisi; avoir – eu; être – été; faire – fait; lire – lu; prendre – pris

4 Sample answer

J'ai choisi le trampoline parce que c'est facile.

Je suis allé(e) à la piscine hier.

Le week-end dernier, j'ai fait de l'équitation.

Pendant les vacances, j'ai joué au tennis.

Page 12

1 Words for 'my' and the circled nouns:

Mes [loisirs], Ma [sortie], mes [amis], Mon [copain], mon [amie], Mes [copines], Mes [livres], ma [mère], ma [tablette], mon [portable]

2
- **a** Hier, je suis allée au stade.
- **b** J'ai joué au foot pendant deux heures.
- **c** Après le foot, j'ai pris une douche.
- **d** Aujourd'hui, je vais faire sortir avec mes copines. Pour Félix, c'est différent …
- **e** Hier matin, il est resté dans sa chambre.
- **f** Demain, il va encore rester dans sa chambre.

3
- **a** Leïla n'aime pas les émissions de télé-réalité.

  Leïla doesn't like reality TV programmes.
- **b** Thomas ne regarde jamais les documentaires.

  Thomas never watches documentaries.
- **c** Melissa ne comprend rien dans les magazines culturels.

  Melissa doesn't understand anything in culture programmes.

Page 13

1 Le week-end, **je fais** de l'équitation et [l'été], je **vais** aussi à la piscine. Quelquefois, je joue au badminton avec mon grand-père, c'est **marrant**. Je n'aime pas la pétanque, par contre, **c'est ennuyeux**. Je fais aussi des [activités] avec mes amis. Par exemple, nous **allons** au cinéma ou [à] la pizzéria. La semaine [dernière], nous avons **vu** 'Starzzz', un film **passionnant**. Samedi **prochain**, on va [regarder] un match de hockey sur **glace**.

2 Ma passion, **c'est** la lecture. Je **lis** des romans d'aventure et aussi des mangas. Ce soir, je vais **commencer** un nouveau roman sur ma **tablette**, 'Dragon de Glace'. Hier, sur Internet, **j'ai trouvé** des blogs de voyage **très intéressants**. En plus, je suis fan de sites 'booktube'. On **tchatte** sur nos livres **préférés**, c'est vraiment super.

Page 14

1
- **a** je fais, j'adore, je prends, je sors, je ne téléphone jamais, je réponds, je passe
- **b** nous allons
- **c** il y a, c'est, ça me fait, c'est bon, on s'amuse, ma mère écrit, mon père envoie
- **d** je suis allée, je suis restée, j'ai appris
- **e** je vais mettre, je vais retrouver

2
- **a**
  - i collège – M: possessive adjective *mon*
  - ii message – M: adjective with masculine ending (and plural) *courts*
  - iii chose – F: adjective with feminine ending (and plural) *passionnantes*

3
- **a** adjective: *contente*, past participles: *allée*, *restée*
- **b** content, allé, resté

Page 16

Sample answers

40-word question

Le samedi, je regarde 'Great British Bake-Off' avec ma famille. C'est une émission de télé-réalité. Les participants font des gâteaux et on choisit le meilleur pâtissier ou la meilleure pâtissière. Je suis fan de cette émission parce que c'est amusant et aussi parce que j'adore les gâteaux.

90-word question

J'aime bien retrouver mes copains en ville. Il y a beaucoup de cafés et de restaurants et l'hiver, nous allons souvent à la pizzéria. L'été, nous préférons faire du skate sur la promenade le long de la plage. Il y a aussi un skatepark dans le jardin public, mais il est très petit et on s'amuse moins qu'à la plage.

Récemment, je suis allé voir un match de foot avec mes copains. C'était cher, mais plus intéressant qu'à la télé. Le week-end prochain, on va fêter l'anniversaire de mon copain Saïd et nous allons manger dans un restaurant chinois.

Unit 3

Page 18

1

	detail 1	detail 2
transport to school	by bus	the bus runs close to her home
clothes at school	they must wear uniform	she can wear trousers
midday meal	she eats at school	but not on Saturdays (no classes in the afternoon)
plans for weekend	meet up with friends	work

Answers 75

② a everyone including Sam
  b Sam's mother
  c everyone including Sam
  d Sam's aunt
  e everyone including Sam
  f Sam's father
  g Sam's father
  h Sam
  i everyone including Sam
  j Sam's mates, including Victor

Page 19

① a Elle vient
  b nous préparons/on prépare
  c Ils prennent
  d j'ai
  e il adore
  f nous allons/on va

② A e, B f, C d, D b, E a, F c

③ a est sortis   P
  b va regarder   F
  c a fait   P
  d vais ranger   F
  e suis allé   P
  f invité   P

Page 20

① a / b / c Right-hand column contains sample answers.

weather	Il **fait** chaud.	It's hot.	English: *is* (verb *to be*)
			French: *fait* (verb *faire*)
age	J'**ai** 15 **ans**.	I'm 15 years old.	English: *am* (verb *to be*); also uses *old*
			French: *ai* (verb *avoir*)
other phrases with *avoir*	J'**ai** faim. J'**ai** froid.	I'm hungry. I'm cold.	English: *am* (verb *to be*)
			French: *ai* (verb *avoir*)
how long, since when	**Depuis** janvier, je **vais** au collège à pied.	Since January, I've been going to school on foot/I've been walking to school.	English: *I've been going/walking* (past tense + *-ing*)
			French: *je vais* (present tense)
at/to someone's house	Je travaille **chez** mon copain. Ensuite, je rentre **chez** moi.	I'm working at my friend's (house). Afterwards, I'm going home (to my house).	English: *to my friend's* (house)
			home (to my house)
			French: *chez* + noun or pronoun
word order	J'adore **les baskets de ma sœur** mais je déteste son **sweat bleu**.	I love my sister's trainers but I hate her blue sweatshirt.	English: *sister's* comes before *trainers*
			blue comes before *sweatshirt*
			French: *de ma sœur* goes after *baskets*
			bleu goes after *sweat*
action in the present	Aujourd'hui, je **prépare** un gâteau pour mon anniversaire.	Today, I'm preparing a cake for my birthday.	English: *I'm preparing*
			French: *je prépare* (no *-ing* form in French)

Page 21

① Circled: Salut Victor!, super, plein de chocolat, copains, rigoler, Tu, tes, À plus, Sam

② You are meant to write for an online survey.

③
formal	informal
je vous envoie	je t'envoie
s'il vous plaît	s'il te plaît
c'est vraiment intéressant	c'est super cool
le professeur	le prof
c'est impressionnant	c'est génial
cordialement	à plus!
je me passionne pour	je suis fan de
mon amie	ma copine

76   Answers

Page 22

1. Subject pronoun + verb in the past: il a fait, il a plu, on a mangé

   Subject pronoun + verb in the future: je vais nettoyer, on va écouter

   Present tense + *depuis*: je connais Harrison depuis deux ans

   Modal verb (*devoir*, *pouvoir*) + infinitive: on peut manger, je ne peux pas faire

   Subject pronoun *on*: on voudrait acheter, on peut manger, on a mangé, on va écouter

   Word order that is different from English: le terrain de sport, un gâteau au chocolat

   Formal style: Madame, Cordialement, Olivia Newton

   Informal style: salut, c'était génial, mes copains, super

Page 24

Sample answers

Bonjour

Nous mangeons au restaurant pour la fête des Mères. En général, nous choisissons une pizzéria. Je prends souvent une salade parce que je suis végétarien(ne).

Mon grand-père a 70 ans. Samedi, nous allons fêter son anniversaire dans une crêperie parce qu'il adore les crêpes.

Cordialement

Tom Elliot

Salut!

Je vais au collège à vélo, parce que j'habite loin. C'est nul quand il pleut! Le samedi matin, en général, je peux rester au lit, super! Ensuite, je fais mes devoirs. Je dois aussi ranger ma chambre, c'est vraiment pénible. Ma journée préférée, c'est le dimanche. Je retrouve mes copines en ville et on rigole bien. Je ne fais pas souvent la cuisine, mais la semaine prochaine, c'est l'anniversaire de ma mère et je vais préparer un gâteau aux fraises, parce qu'elle est fan de fruits.

À plus.

Kirsty

Unit 4

Page 26

1. a true, b false (he went to the cinema with friends), c true, d false (it was less polluted before), e true (he hopes the weather will be good so that they can go kayaking), f false (he has already visited the museum this year)

2. a Underline: est, a, a, sont, sont, a, pleut, espère
   b Highlight: j'ai retrouvé, on a vu, c'était, j'ai visité
   c Circle: allons faire, va visiter, va faire

3. a avant, le mois dernier
   b s'il pleut (if it rains), j'espère que (I hope that)

Page 27

1. Tick: only b and f
2. A c, B a, C d, D b
3. Underline: Le week-end prochain, Cette semaine, Pendant les vacances, L'été prochain
4. a demain, b cet été, c l'année prochaine, d après-demain, e ce week-end, f l'été prochain, g ce soir, h pendant le week-end
5. Sample answers
   a Ce week-end, je vais me promener dans les collines. Ça va être fatigant!
   b L'hiver prochain, je vais apprendre à faire du ski. Ça va être super!
   c Pendant les vacances, mes parents et moi allons faire de la voile. Ça va être cool!
   d Pendant le week-end, je vais jouer au golf avec mon père. Ça va être intéressant.

Page 28

1. a Underline: vas venir, va faire, allons nous baigner, va faire
   b Circle: quand (tu vas venir), s'il pleut, s'il fait beau, J'espère qu'(il va faire)
2. quand, s', s', J'espère qu', si, si
3. Sample answers
   a S'il fait beau, je vais aller à la plage/faire une promenade/me baigner.
   b S'il ne fait pas chaud, on va visiter un musée/visiter un château/faire les magasins.
   c Si j'ai le temps, je vais aller à un match de foot/me détendre à la plage.
   d Si je n'ai pas le temps, je vais rester à la maison.
   e Quand il va faire beau, nous allons faire du cheval/nous baigner.
   f Quand je vais avoir le temps, je vais faire du shopping/aller au cinéma.

Page 29

1. vas, allons, va, vont, allons, vais, allez, va
2. a Circle: visité, va, parti, vas, baigner, vons, détendre, amuser, ne pas
   b Cet été, je vais **visiter** ma région avec deux copains. Ils **vont** venir en train et nous allons **partir** à vélo. On **va** camper près d'un lac. Le matin, je vais **me baigner**, ça va être super! S'il fait beau, nous **allons** faire des randonnées à vélo. Après, nous allons **nous détendre** à la piscine du camping. On va bien **s'amuser**! S'il pleut, ça **ne** va **pas** être drôle.
3. Sample answer

   Quand tu vas venir, nous allons visiter ma région. On va camper et on va faire des randonnées dans la campagne. Ça va être super! J'espère qu'il va faire beau. S'il pleut, il y a beaucoup de chose à visiter, comme des musées. Tu vas voir, on va bien s'amuser!

Page 30

1

use a time phrase to give an example of what you're going to do	Samedi prochain
add an opinion about something in the future with *ça va être* …	Ça va être sympa!
use *si* + present tense	Si on a le temps
use *quand* + near future tense	Quand ils vont arriver
use *j'espère que* to say what you hope the weather will be like	J'espère qu'il ne va pas pleuvoir
use a variety of subject pronouns	je, ils, nous, il, on, ça
use *aller* + infinitive correctly	je vais aller ils vont arriver nous allons prendre on va manger ça va être
use *aller* + infinitive with a reflexive verb and/or a negative	il ne va pas pleuvoir

2 Sample answer

Bonjour

À Pitlochry, il y a une rivière et un lac. C'est beau.

Mais pour les jeunes, il n'y a pas grand-chose, juste un centre sportif et quelques cafés.

Si on aime la montagne, Pitlochry est idéal mais il n'y a pas beaucoup de distractions.

Ce week-end, je vais me promener avec une amie. J'espère qu'il ne va pas pleuvoir! S'il pleut, on va aller manger une glace. Dimanche, si on peut, nous allons visiter un château avec ma famille. Ça va être cool!

Page 32

Sample answer

Bonjour Nina!

Il y a des attractions sensationnelles à Londres, comme Big Ben et Buckingham Palace.

Le week-end, tout est ouvert, ce qui est pratique pour les visiteurs.

L'été, c'est l'idéal pour visiter Londres parce qu'en général, il y a du soleil et il fait chaud.

Quand tu vas venir, nous allons visiter le Shard: s'il fait beau, tu vas avoir une vue formidable sur la ville! Parfois il pleut, alors s'il ne fait pas beau, nous allons visiter le British Museum. Ça va être passionnant! J'espère que tu vas aimer.

Amitiés

Unit 5

Page 34

1
- **a** by the seaside
- **b** to Nice in France
- **c** to a holiday camp
- **d** the weather was great, they swam and went sailing
- **e** the beach was dirty and over-crowded
- **f** it will be her first holiday without her family

2
- **a** allons, prenons, est, allons
- **b** avons réservé, était, nous sommes baignés, avons fait, était, était, avait
- **c** vais aller, va être

Page 35

1 Tick: only **c** and **e**.

2 A **c**, B **a**, C **d**, D **b**

3 Underline: **a** l'été dernier; **b** en 2016; **c** l'année dernière; **d** il y a deux ans

4 **a** hier, **b** avant-hier, **c** hier soir, **d** dimanche dernier, **e** le week-end dernier, **f** récemment

5 Sample answers

… mais l'année dernière, j'ai pris l'avion pour changer.

… Par exemple, en 2016, je suis allé(e) à Paris en Eurostar.

… L'été dernier, nous avons pris l'avion pour Sydney. C'était long!

Page 36

1 **a** false, **b** true, **c** false, **d** false, **e** false, **f** true

2
- **a** Circle: mais, Par contre, malheureusement
- **b** Underline: En effet, Par exemple, parce que
- **c** Highlight: C'était délicieux! je n'ai pas aimé, il y avait trop de crème, c'était trop sucré

3 Sample answers

D'habitude, pendant les vacances, je ne pars pas. En effet, l'été dernier, je suis resté(e) à la maison; par contre, je me suis ennuyé(e) parce que mes amis sont tous partis en vacances. Ce n'était pas marrant.

Généralement, je vais en vacances avec mes grands-parents. En effet, j'ai passé un mois à la campagne avec eux l'année dernière. Malheureusement, je ne suis pas parti(e) avec eux cet été car je suis parti(e) chez mon père. C'était moins sympa.

Tous les ans, on va en vacances en voiture. Par exemple, on est allés plusieurs fois en France en ferry. Cependant, l'année dernière, nous avons pris l'avion parce que nous sommes allés au Maroc. C'était génial.

Chaque année, je travaille pendant les vacances. Par exemple, l'été dernier, j'ai aidé mes parents au magasin. Par contre, cet été, je suis parti(e) en camping avec mon cousin. C'était super parce que j'ai adoré camper!

Page 37

1. suis, ai, a, a sommes, ai, sommes, a, ont, sont, avons

2. allée, raté, trompée, pris, suis, je me suis ennuyée, suis, me suis reposée, mis, allées, n'avons pas nagé, fait, sommes rentrées

3. Sample answer

   L'été dernier, je suis allé(e) à Paris en week-end avec ma famille. Quelle catastrophe! Nous sommes allés à l'hôtel mais on a vu des cafards dans la chambre. On est allés au restaurant mais ce n'était pas bon. Nous avons visité des musées mais je me suis ennuyé(e). C'était nul!

Page 38

1.

use a time phrase to refer to the past	l'été dernier, Pendant les dernières vacances
use a phrase to create a contrast	mais, par contre
use a phrase to give an example	par exemple
use phrase to give an explanation	car, parce que
use a variety of subject pronouns	nous, on, je, c', il
add an opinion about something in the past	C'était amusant!
use *avoir* and *être* correctly to form the perfect tense	nous avons pris, j'ai pris, j'ai dormi, nous ne nous sommes pas baignés, il a beaucoup plu, nous avons visité, on est allés, je ne me suis pas ennuyée
use the correct form of the past participle	prendre – pris
make the past participle agree with the subject (*être* verbs)	baignés, allés, ennuyée
use the correct word order for verbs in the perfect tense	nous ne nous sommes pas baignés Je ne me suis pas ennuyée.

Page 40

Sample answer

En général, j'aime aller au restaurant le week-end avec mes parents. Nous y sommes allés le week-end dernier.

D'habitude, je prends des pâtes ou une pizza mais la dernière fois, j'ai essayé une spécialité française. En effet, j'ai pris une ratatouille.

Le week-end dernier, on est allés dans un restaurant français. Malheureusement, je n'ai pas aimé la nourriture parce qu'il y avait trop de sel et c'était froid. En plus, le service était trop lent. C'était nul. La prochaine fois, on va essayer le nouveau restaurant indien au centre-ville.

Unit 6

Page 42

1. a

	fact(s)	example	opinion	reason
journée préférée	Tuesday	–	cool	no sciences
avantages	well equipped	use of tablets	great	wifi in classes
inconvénients	no swimming pool	–	shame	likes swimming
avant, à l'école primaire	used to sing in choir	–	nice	no choir so only sing at Christmas
prochaine sortie scolaire	British Museum	Egyptian mummies	exciting	interested in history

   b Everything Elena says is relevant to the question.

2. a car b par exemple c parce qu' d par contre
   e je trouve ça f parce que g alors h sauf

Page 43

1
- **a** 1 hour, 15 minutes, 1 hour
- **b** Underline: Elle commence trop tôt et finit trop tard. (*This repeats the sentence that comes before, so either one is correct but not both.*)

  et j'aimerais avoir plus de temps pour le déjeuner. (*Again, that repeats the first part of the sentence.*)
- **c** Circle: Mon collège est trop grand et il y a trop d'élèves. Par contre les profs sont sympa. (*This is not relevant to the question which is about the school schedule only.*)

  Les cours durent une heure, c'est juste bien mais le soir, les devoirs sont trop difficiles. (*Again this is not relevant to a question on school times.*)

2 ✓ a, b, d   ✗ c, e

3 Sample answer

Je pense que la journée commence trop tôt. Je trouve que des leçons de 40 minutes, c'est trop court. On a 45 minutes pour le déjeuner mais c'est trop court. Je voudrais plus de temps pour me relaxer.

4 Sample answer

Mes cours commencent à 8h45 et pour moi, c'est trop tôt! Les récrés durent 10 minutes. Le midi, nous avons 30 minutes pour manger et je trouve ça trop court. Les cours durent 45 minutes, c'est bien. L'après-midi, ils finissent à 15h30. Après, je peux faire du sport, c'est cool.

Page 44

1
- **a** Quels sports faites-vous au collège? 1, 4, 5, 6

  Que faites-vous pour éviter le stress au collège? 2, 3, 7
- **b** 1, 5 (or 5, 1), 4, 6, 2, 3, 7

2
- **a** Comment votre collège est-il aménagé? labos modernes, gymnase bien équipé, salles de classe agréables, très grande cour

  Aimez-vous l'ambiance du collège? trop grand, profs trop sévères avec nous, trop d'élèves, pas sympa, règlement pas raisonnable

- **b** Sample answer

  Mon collège est bien aménagé. Il y a des salles de classe agréables, des labos modernes, un gymnase bien équipé et une très grande cour.

  Je trouve que l'ambiance du collège n'est pas sympa. Il est trop grand, il y a trop d'élèves et les profs sont trop sévères avec nous. En plus, le règlement n'est pas raisonnable.

3 Sample answers

Exercise 1

Au collège, en EPS, nous faisons de la gymnastique, de la natation et des sports d'équipe. Moi, j'aime bien les cours d'EPS parce que c'est bon pour la santé.

Pour combattre le stress au collège, je fais beaucoup de sport. Par exemple, je fais partie d'un groupe de yoga. Je mange sainement et je bois beaucoup d'eau pour être en pleine forme.

Exercise 2

Notre collège est moderne et bien équipé. C'est super parce que les salles de classes sont grandes et confortables. En plus, il y a une belle cantine et la cour est grande.

L'atmosphère du collège est assez sympa. Les élèves sont calmes et on s'entend tous bien. Par contre, je n'aime pas les relations avec les profs parce qu'ils sont trop sévères!

Page 45

1 1 car/parce que 2 En effet 3 et 4 par exemple 5 En plus 6 Par contre 7 alors/donc 8 si 9 sauf 10 mais

2 car/parce que, En effet, Par exemple, donc, Par contre, alors/donc, si

3 Sample answer

Je suis fier/fière de moi **parce que** je suis membre de l'orchestre. **En effet**, je joue du violon. **En plus**, je chante dans la chorale. J'ai participé à plusieurs spectacles, **par exemple** à Noël. On a eu du succès, **alors** j'étais content(e).

Si mes parents sont d'accord, je vais faire un voyage avec l'orchestre. **Par contre**, je voudrais arrêter la chorale **car** je n'aime pas chanter **mais** la prof n'est pas d'accord.

Page 46

1
- **a** All three boxes ticked.
- **b**

all points made are relevant to the bullets	• journée préférée	le jeudi
	• avantages/inconvénients	moderne/règlement trop strict
	• avant, à l'école primaire	la cantine
	• sortie scolaire	voyage aux États-Unis
link ideas logically with connectives to …	add a fact	En plus, il est interdit
	give an alternative	ou le vendredi
	give an example	Par exemple, il y a une belle piscine
	create a contrast	Par contre, le règlement …
	explain	parce que j'ai géo En effet, les bijoux sont interdits car je n'y suis jamais allée
	add a consequence	alors je mange mal
	say 'if'	Si on va à New York
	say 'except'	sauf les montres

Page 48

2 Sample answer

L'année dernière, nous avons fait une sortie géniale près d'Exeter. En effet, nous sommes allés au Eden Project.

J'ai adoré la sortie parce que c'était très intéressant. Par exemple, nous avons vu des plantes extraordinaires. Par contre, il faisait très chaud dans la zone tropicale!

L'année prochaine, on va peut-être aller en France. Si on va à Paris, on va peut-être aller à Disneyland!

Les sorties scolaires, c'est super car on est entre copains alors on s'amuse bien ensemble, mais par contre c'est fatigant parce qu'on ne dort pas beaucoup!

Unit 7

Page 50

1 Tick: all four bullet points

Je voudrais devenir jardinière [1] parce que je m'intéresse à la nature. J'aime travailler en plein air et je pense que je suis bien organisée. [2]

L'année dernière, j'ai fait un stage dans une ferme. J'avais quatre collègues et à mon avis, ils étaient sympa. Je suis montée sur un tracteur. C'était marrant! [3] Par contre, je sais maintenant que je ne veux jamais travailler avec les animaux. Je trouve ça pénible et dégoûtant.

Après le collège, si je peux, je vais commencer un apprentissage chez un jardinier. [4] Je crois que ça va être passionnant.

2
- **a** je m'intéresse à la nature, j'aime travailler en plein air, je pense que je suis organisée
- **b** à mon avis, ils étaient sympa
- **c** c'était marrant
- **d** je trouve ça pénible et dégoûtant
- **e** je crois que ça va être passionnant

Page 51

1 Circled: amusant, bien, une bonne expérience, excellent, facile, génial, intéressant, marrant, original, passionnant, sympa, utile

2 Sample answers
- **a** … ce n'est pas fatigant, mais c'est ennuyeux.
- **b** … c'est horrible et c'est fatigant.
- **c** … c'est facile mais c'est monotone.
- **d** … ce n'est pas difficile mais c'est barbant.
- **e** … c'est original et c'est marrant.
- **f** … c'est ennuyeux et c'est difficile.
- **g** … c'est sympa et c'est une bonne expérience.
- **h** … ce n'est pas une mauvaise expérience et c'est amusant.

3
- **a** barbant I, ennuyeux F
- **b** amusant F, marrant I
- **c** super I, excellent F

Page 52

1 a Underline:

J'aime; Je pense que c'est varié; Le secteur qui m'intéresse, c'est

Je suis fan de; j'ai une passion pour; je voudrais

J'aime bien; Je préfère

j'apprécie; C'est mieux que; J'aimerais

Ma passion, c'est; mon activité préférée, c'est; Je trouve ça génial; J'aimerais

Je voudrais

Circle:

Je n'aime pas; J'ai horreur du; Je trouve ça ennuyeux; Je crois que c'est monotone

b Phrases that can introduce both types of opinion: je trouve ça; je pense que; je crois que

Page 53

1 Qualifiers and adverbs: bien, assez, trop, plutôt, vraiment, plus, Malheureusement, un peu, beaucoup

2 Sample answer

J'ai fait mon stage dans mon école primaire et j'ai **bien/beaucoup/vraiment** aimé ma semaine. C'était une bonne expérience mais c'était aussi **un peu/assez/très** fatigant. Travailler dans une classe, c'est plus difficile que dans un magasin mais c'est **très/vraiment** intéressant. J'ai aidé les enfants à lire et j'ai **beaucoup/vraiment** aimé ça. La directrice était gentille avec moi, j'ai trouvé ça **très/vraiment** sympa. Malheureusement, ranger la classe le soir, c'était **un peu/très/trop/vraiment** pénible et donc je ne veux pas refaire l'expérience!

3 A d, B a, C b, D e, E f, F c

Page 54

1

precise adjectives/phrases	passionnant utile excellente
À mon avis …	À mon avis, j'ai les qualités
varied verbs	ma passion, c'est j'ai trouvé ça utile j'ai beaucoup appris c'était donc une expérience excellente je pense que je n'aime pas
opinions about something in the past	C'était passionnant c'était donc une expérience excellente
opinions about something in the future	ça va être difficile
quantifiers/adverbs	très assez vraiment beaucoup
parce que/car to introduce an explanation	parce que ma passion car je suis car les études
donc to introduce an opinion	c'était donc une expérience excellente

Answers 81

Page 56

Sample answer

À 14 ans, j'ai commencé à faire du baby-sitting pour ma petite sœur. C'était monotone et très mal payé mais ce n'était vraiment pas difficile.

J'ai 16 ans maintenant et l'été prochain, je vais travailler dans le garage de mon oncle. Je crois que ça va être beaucoup plus intéressant, mais aussi plus fatigant, parce que le garage est ouvert tard.

Plus tard, je voudrais travailler comme créateur de jeux vidéo car je suis fan d'informatique. À mon avis, je suis aussi indépendant et créatif, donc je pense que c'est un bon métier pour moi.

Unit 8

Page 58

1.
- a. Ma maison est très vieille. (Remember to make the adjective agree with the noun.)
- b. Je vais voir mes grands-parents le dimanche. / Je rends visite à mes grands-parents le dimanche. (to visit someone = *aller voir* or *rendre visite*; note French spelling of *les grands-parents*.)
- c. Il y a beaucoup d'activités pour les enfants dans ma ville. (there is/are = *il y a*; don't forget to add *de/d'* after *beaucoup*.)
- d. Je ne prends pas de bain tous les jours. (The French for 'to have a bath' uses the verb *prendre* not *avoir*; don't forget *pas* in a negative phrase.)
- e. J'ai travaillé avec des animaux dans un refuge. (Perfect tense: *j'ai travaillé*. Remember to use the determiner *des* even though none is needed in English, to say you worked with animals.)

Page 59

1.
- a. ii weather phrase: *il fait chaud*
- b. ii set phrase: *prendre le petit déjeuner*
- c. iii age: to have + number of years + years
- d. iii expression with *avoir*: *avoir faim*
- e. i set phrase: *il y a* = there is/are

2.
- a. Je pense que le racisme est un gros problème. (adjective before noun)
- b. Il y a une ambiance fantastique au festival. (adjective after noun)
- c. J'achète des produits verts quand je peux. (adjective after noun)
- d. Je ne prends jamais de bains, je préfère les douches. (negative *ne … jamais* around the verb)
- e. Je n'ai rien acheté dans le magasin. (negative *ne … rien* around the verb)
- f. Je ne vais plus boire de sodas. (negative *ne … plus* around the verb)

Page 60

1. anniversaire, journaliste, tourisme, typique, normalement

2. Circle:
- a. *d'argent* (= money), *de monnaie* (= change)
- b. *un long trajet* (= a long journey), *une longue journée* (= a long day)
- c. *bibliothèque* (= library), *librairie* (= bookshop)
- d. *passer* (= to sit), *réussir* (= to pass)
- e. *car* (= coach), *voiture* (= car)
- f. *me repose* (= rest), *reste* (= stay)

3.
- a. voyage
- b. énervant
- c. allons voir
- d. fois
- e. pièces

Page 61

1. Circle: a. la b. les c. de la d. de

2.
- a. Il joue **au** tennis et **au** football.
- b. Je joue **de la** guitare et **du** piano.
- c. On a joué **à des** jeux vidéo.

3.
- a. Mon ordinateur est **sur** mon bureau.
- b. Le festival commence le 10 mai. (no preposition)
- c. **Le** lundi, j'ai maths. (no preposition)
- d. Lundi, je vais aller en ville. (no preposition)
- e. Je regarde un film **à la** télé.
- f. **Le** matin, il est allé au marché. (no preposition)
- g. Je vais **en** France chaque année.
- h. Je vais aller **à** Paris cette année.

4.
- a. Ma sœur apprend **à** danser.
- b. Il a essayé **de** parler Hindi.
- c. Je veux être dentiste. (no preposition)
- d. J'écoute la radio. (no preposition)

Page 62

1.
- a. La leçon est ennuyeuse. (spelling of French for 'lesson'; check adjective agreement)
- b. Je n'aime pas la musique classique. (negative *n'aime pas*; missing determiner *la*; word ending -ic/-ique)
- c. Je joue dans un groupe et je chante sur scène. (a band – false friend – *un groupe*; on the stage – false friend – *sur scène*)
- d. Il y a un match de football à la télévision ce soir. (set phrase *il y a*; word order in *match de football*; preposition *à la télé*, not *sur*; set phrase *ce soir* for 'tonight')
- e. J'ai commencé à jouer du violon mais je préfère la batterie. (perfect tense *j'ai commencé*; verb followed by *à* before the next verb; *jouer* + *de* + musical instrument; drums is plural in English but singular in French, *la batterie*)

82 Answers

Page 63

Sample answers

1.
   a. Mes chaussures sont confortables. (*mes* + plural noun)
   b. Je ne mange pas de fruits le matin. (*pas de*, not *pas des*; no preposition needed to translate 'in + part of the day)
   c. J'aime aller en vacances à Nice en France. (*à* + town; *en* + feminine country)
   d. Il y a des livres intéressants à/dans la bibliothèque. (adjective after the noun; library ≠ *librairie* – false friend – *la bibliothèque*)
   e. J'ai acheté un portable/un mobile avec mon argent de poche mais il ne marche pas. (perfect tense for 'I bought'; set phrase *argent de poche*; something doesn't work – not to be mixed up with 'to work', *travailler*)

Page 64

Sample answers

Exam-style question 1

(a) Mes devoirs sont difficiles. (*devoirs* is plural in French)
(b) J'aime le poisson mais je n'aime pas la viande. (remember definite article for likes/dislikes)
(c) Il y a un musée près de/à côté de chez moi. (set phrase *chez moi*, rather than *ma maison*)
(d) Je n'ai pas d'ordinateur dans ma chambre. (remember the two-part negative + *de*)
(e) Je me suis reposé(e) à la piscine de l'hôtel hier. (to rest ≠ *rester* – false friend – *se reposer*; you need the perfect tense here)

Exam-style question 2

(a) Mon frère est énervant. (not *ennuyeux* which means 'boring')
(b) Normalement, nous voyageons en avion ou en train. (don't mix up with *travailler*)
(c) Il y a beaucoup d'accidents sur cette route. (words ending in -ent are often similar in French)
(d) Nous n'avons pas de chien mais nous avons deux chats noirs. (remember the two-part negative + *de*; colour adjectives come after the noun and agree with it)
(e) Je suis allé(e) au centre commercial et j'ai acheté une nouvelle chemise. (perfect tense, one with être and the other with avoir; adjective before the noun)

Unit 9

Page 66

1. Tick: a, d, f, h
   b. Pawel is concerned by general indifference, but he's pleased that young people are more enthusiastic than adults.
   c. Pawel helped pick litter in the streets of his town.
   e. The headteacher was delighted by/very happy with what the students did.
   g. Pawel is going to meet/will meeet young French people with similar interests (if he goes on the beach clean project).

2. Any three of:

ce qui me préoccupe beaucoup

À mon avis, le plus grand problème, c'est

Heureusement, les jeunes sont plus actifs et plus enthousiastes que les adultes

nous étions très fiers de nous

la pollution, c'est catastrophique pour

Page 67

1.
   a. Circle: la planète, la pollution, la protection de l'environnement, les détritus, la poubelle, l'écologie
   b. Student's own answer

2.
le manque d'intérêt	l'indifférence
très motivé	enthousiaste
les déchets	les détritus
placer	installer
très content	ravi(e)
très content (de soi)	fier/fière
rendre propre	nettoyer
très grave	catastrophique
l'environnement	l'écologie
l'université	la fac
certain	sûr(e)

3.
   a. *l'avenir de la planète* – the future of the planet
   b. *la protection de l'environnement* – environment protection
   c. *la directrice du collège* – the school headteacher
   d. *participer à une action* – to take part in an action
   e. *apprendre de nouvelles compétences* – to learn new skills
   f. *s'intéresser à l'écologie* – to be interested in ecology

Page 68

1. Sample answer
   a. L'année dernière, j'ai fait mon stage en entreprise dans une école maternelle.
   b. C'était sympa. C'était fatigant mais très intéressant.
   c. Travailler avec les animaux, je trouve que c'est pénible. Cependant, l'année prochaine, je vais aider dans un refuge animalier.

2. Sample answer

Je voudrais faire du bénévolat. J'aimerais travailler avec les enfants. L'année dernière, j'ai fait mon stage en entreprise dans une école maternelle. C'était sympa. C'était fatigant mais très intéressant. Travailler avec les animaux, je trouve que c'est pénible. Cependant, l'année prochaine, je vais aider dans un refuge animalier.

3 Sample answer

À la maison, mes parents trient les déchets. Dans le jardin, ma mère fait du compost. Le matin, mon frère et moi, nous allons au collège à vélo.

Page 69

1 Sample answers

a Le plus grand problème environnemental, c'est le changement climatique.

b Ce qui me préoccupe, c'est les conditions de travail dans les pays pauvres.

c À mon avis, il est important d'acheter des produits du commerce équitable.

d Ce qui est important pour moi, c'est de respecter l'environnement.

2 a Ce qui est important pour moi, c'est la musique! [F] Je dépense tout mon argent en concerts [F]. Par exemple, l'année dernière, je suis allée au festival de Glastonbury [E]. À mon avis, c'est le meilleur festival [O] parce qu'on danse beaucoup et on s'amuse bien [R]. L'année dernière, il y avait une ambiance extraordinaire [F]. Je vais donc retourner à Glastonbury cette année [F] car Shakira est au programme [R] et je pense que c'est la meilleure chanteuse [O].

b i opinion: à mon avis, je pense que

ii reason: parce que, car

iii example: par exemple

Page 70

1 Circle: espèces rares, orang-outans, tigres, cruauté, animaux de cirque, refuge animalier, vétérinaire, brosser les chevaux, zoologie, association de protection des animaux

2 a present: il est, ce qui me préoccupe, c'est, je cherche, j'espère, je pense

b imperfect: j'étais, était, c'était

c perfect: j'ai décidé, j'ai fait, j'ai appris

d future: je vais développer

e conditional: je voudrais

3 il est important de

le plus grand problème environnemental, selon moi

ce qui me préoccupe aussi, c'est

4 If she works at the refuge, she will develop new skills which will help her in her future job, as she is hoping to work for an animal charity.

Page 72

Sample answer

Mes amis et moi, nous faisons beaucoup de bénévolat. Ce qui est important pour nous, c'est de participer à la vie en société, mais comme nous sommes trop jeunes pour travailler, nous faisons du travail bénévole. L'année dernière, par exemple, des élèves du collège ont aidé à replanter des arbres dans le parc. C'était vraiment utile parce que c'était le seul espace vert en ville. D'autres élèves ont collecté de la nourriture pour une banque alimentaire.

Personnellement, ce qui me préoccupe, c'est l'isolement des personnes âgées. Cette année, j'ai fait des courses pour mes voisins âgés et j'ai passé plusieurs après-midi à bavarder avec eux.

Je crois que le bénévolat est une expérience vraiment enrichissante parce qu'on apprend de nouvelles compétences. En plus, ça permet de choisir son orientation professionnelle. Par exemple, après l'école, je vais étudier à l'université pour devenir travailleur social, parce que j'aimerais continuer à travailler avec des personnes défavorisées.